님께

사람을
움직이는
1%의 차이

40년 인사쟁이 백진기가 말하는
사람, 일 그리고 성장

사람을 움직이는 1%의 차이

백진기 지음

미래의창

머리말

책을 통해 세상과 대화를 하고픈 마음

약 40년간 직장생활을 하다 보니 '일'로 맺어진 '사람들' 그 중에서도 '리더'를 무수히 만나고 있다. 리더와 사람들을 연결해주는 그 '일'의 모습은 세모일까, 네모일까, 아니면 다른 어떤 모양일까? 일이 세모나 네모나 육각형이면 배열만 잘하면 빈틈이 없을 것이다. 그러나 실상은 일과 일 사이에 빈틈이 많기 때문에 '원'에 가까운 모양이라고 할 수 있다.

원이 모이면 팀이 되고, 팀이 모이면 조직이 된다. 원과 원 사이에는 빈틈이 많다. 각자 자기 일은 다하는 것 같지만, 팀이나 조직 전체로 보면 구멍이 숭숭 나 있다. 빈 부분이 있는지 인지조차 못하는 조직도 있고, 빈 부분이 뻔히 보이는데 '내 일이 아니니까' 하고 외면하는 조직도 있다. 이때 어떤 직원들은 자기 업무를 확대하고, 어떤 리더는 원을 겹치게 하거나 육각형처럼 빈틈이 없도록 직원들의 업무 분장을 진행한다.

지난 40여 년 동안 화두로 삼은 것이 이 세 주인공인 '일, 사람, 리더'다.

일이란 무엇인가?
일 잘하는 직원은 그렇지 못한 직원과 무엇이 다를까?
일 잘하는 리더는 그렇지 못한 리더와 무엇이 다를까?

이 책의 내용은 그 답을 내기 위한 나의 노력이다.

내가 멘토로 삼은 사람 중에는 유명한 분들이 많다. 워런 베니스, 스티븐 코비, 오마에 겐이치, 토마스 고든, 김영진, 폴 폴락 등 열 명이 넘는다. 물론 나의 어머니와 같이 유명하지 않은 분도 있다. 그분들은 내가 멘토로 임명한지 모르신다.

나는 이분들의 말씀에서 '아하' 하는 순간들을 맞이해왔다. 그게 오늘 내가 가진 일에 대한 생각, 사람에 대한 이해, 내적 성장의 밑거름이 되었다. 이 책을 읽으면서 '아하' 하는 순간들이 있다면 그것은 내가 독창적으로 만들어낸 게 아니라 그 베이스에 이 멘토들의 가르침이 깔려 있기 때문일 것이다.

나의 '아하'는 어디서 나오는가? 사람, 일, 성장과 같은 내 관심 영역에서 나온다. 멘토들을 만나도 이 세 영역 외의 것은 귀에 들어오지 않는다. 누구를 만나든지 이 주제에 대해 떠들고 혼자 있으면 그간 모아온 관련 글을 읽고 행간의 뜻을 찾는다. 그리고 바로 현장에 적용하고 피드백을 모은 후 버전 업한다. 이 사이클을 반복해왔다. 그리고 한참 후 깨달았다. 이 세 가지가 '조직의 지속 성장'과 동의어라는 사실을.

학창 시절 연극을 좋아했다. 그 좁은 무대 위에서 배우들의 연기가 펼쳐질 때 그들의 호흡, 열정이 그대로 객석에 전해지는 것이 좋았다. 주위 친구들은 하나씩 무대로 올라갔다. 무대에 못 서면 무대 장식이라도 담당했다. 나만 남았다. 나도 무대에 올라가고 싶다는 생각을 했다. 그런데 다들 무대 위로 올라가면 누가 객석을 채우나? 이 핑계로 관객으로 남았다.

내 주위에 책을 쓰는 분이 점점 많아졌다. 한 분 한 분 자신의 책을 보내주었다. 오늘도 책꽂이에서 그 책들이 나를 쳐다보고 있다. 그럼에도 주위의 젊은 친구들이 유튜브를 즐겨 보고 책을 읽지 않는 것을 보면서 나까지 책을 써야 하냐는 생각이 들었다. 그래서 이번에도 연극에서 관객으로 남기로 했던 것처럼 독자로 남기로 했었다.

그러던 어느 날이었다. 의료계 전문 기자들을 상대로 강의를 할 기회가 있었다. 그 강의의 내용이 사람, 일, 성장이었다. 그때 그들의 긍정적 반응과 눈빛을 읽었다. 그 후 〈메디칼타임즈〉에 칼럼을 연재했다.

매일 새벽, 도 닦듯이 칼럼을 썼다. 쓰면서도 마음 한편으로는 '누가 이런 글을 읽을까?' 하는 의문이 계속 들었다. 그래도 글을 계속 써야 하나? 그러면서 내가 글을 써야 하는 이유 세 가지를 나름대로 찾아냈다.

첫째, 이론에 근거해 이야기하는 교수님들의 글보다 현장의 모습을 더 적나라하게 보여줄 수 있다. 둘째, 40년을 넘게 인사 현장에서 한 우물을 팠으니 '뭔가' 남들과는 다른 시선이 있다. 없으면 바보다. 나머지 하나는 머리가 굳기 전에 내가 가지고 있는 보따리를 풀고 싶은 심정이다. 그 보따리 안에 있는 내용물이 같은 길을 걷고 있는 분들의 가치를 올리는 데 조금이라도 보탬이 되었으면 하는 마음에서다.

책을 읽는 분들이 이 책을 통해 '아하' 하고 깨닫는 인사이트를 한 가지라도 얻었다면 성공이다. 책 읽기 싫어하는 가족들이 한 쪽이라도 읽어보면 성공이다.

글을 쓰면서 느낀 것은 쓰는 사람이 제일 이득을 본다는 점이다. 이 점에서 나는 이미 성공이다.

감사한 분들이 많다.

회장님을 비롯한 한독 임직원분들 특히 HR 부서원들, 〈메디칼타임즈〉의 지면을 할애해준 이정석 대표님과 박상준 본부장님, 오래전 출간 약속을 지켜주신 미래의창 김성옥 주간님, 저의 에너지원인 마나님 그리고 아드님들, 며느님, 손녀들에게 감사 인사드립니다.

2024년 2월,

백진기

차례

2 사람을 얻는 리더십
피드백과 소통의 힘

3 개인의 성장과 조직의 성장
일의 태도

4 일하고 싶은 조직을 만드는 길
갈등 관리와 조직문화

1

리더, 사람을 말하다

인재 관리의 비밀

리더는 잠재력을 알아보는 사람이다

르네상스 시대에는 피렌체라는 조그만 동네에서 인재가 쏟아져 나왔다. 그렇다면 그 당시 다른 곳에는 인재가 없었을까? 조선시대에는 세종대왕 시절에만 인재들이 들끓고, 다른 시절에는 머리 좋은 사람들이 없었을까? 지금은 삼성전자에만 인재가 있고 다른 곳에는 인재가 없을까? 그렇지 않다. 그때나 지금이나, 그 동네나 다른 동네나 머리 좋은 사람들은 언제나 많다. 시대와 장소를 막론하고 잠재력이 풍부한 사람들은 늘 존재했지만, 그 동네에는 이들이 뛰어놀 수 있는 '판'이 깔리지 못했다.

인재가 풍성한 때와 장소의 공통점은 무엇인가? 다른 곳과 무엇이 다른가? 이게 나의 '화두'다. 다른 요소들도 많겠지만, 그 원인을 큰 틀에서 추측해보자면 이러하다. 첫째로 걸출한 리더가 있고, 둘째로 조직원들이 각자의 잠재 역량을 충분히 발휘할 수 있는 지원 시스템이 있으며, 셋째로 인재들 간의 활발한 경쟁과 교류가 있다. 이 세 가지가 전부는 아니지만, 가장 중요한 변수key indicators임은 틀림없다.

그렇다면 우리 조직도 지속 성장sustainable growth을 하려면 이 세 가지를 모두 갖추면 되는 것 아닌가? 자세히 들여다보자.

우선, 그런 조직의 리더를 보면 그릇이 크다. 욕심이 많다. 그릇의 진짜 크기를 리더 자신도 모른다. 그냥 뭐든지 주워 담는다. 정확하게 말하면 리더가 조직의 확장, 엄청난 업무량, 빠른 성장 속도 때문에 직원들에게 의존할 수밖에 없다. 직원들 입장에선 '복잡하고 어려운 일을 맡아 어찌어찌하다 보니 잠재력potential이 역량competency으로 개발되었다'라고 표현하는 것이 맞을 것이다.

리더의 차이는 '직원의 잠재력 여부를 판단'하는 데 있다. 명마名馬도 명마를 알아보는 백락伯樂 같은 사람을 만나야 세상에 알려진다는 뜻의 '백락일고伯樂一顧'란 고사성어가 생각난다. 재능 있는 사람도 그 재주를 알아주는 사람을 만나야 빛을 발한다.

르네상스 시대 메디치 가문 리더들과 조선의 세종대왕, 오늘날 삼성의 리더들도 모두 잠재력이 있는 직원을 알아보고, 그 가운데 큰 리더, 작은 리더를 구분하여 기용하는 '백락'이었다. 나머지 동네에서는 명마가 있어도 명마인지 모르고 소금 가마니나 옮기는 말로 사용했다가 버렸다. 더 문제는 자기가 명마인 줄 모르고 막일에 동원되다가 그냥 사라져 버린 사람들이 많다는 것이다.

백락과 같은 리더들의 전폭적인 지지, 위임delegation받은 직원들의 '오너owner'와도 같은 기업가 정신entrepreneurship, 활발한 고수들의 경쟁과 교류, 이들이 업무에 몰입할 수 있게 도와주는 지원 체제를 갖추면, 지속적으로 성장하는 조직이 될 것이다. 이 기준을 가지고 자기 조직을 돌아보면 어느 변수가 부족한지 알 수 있다.

리더는 두 가지 형태로 구분된다. 믿고 맡기는 유형과 하나부터 열까지 보고받는 유형이다. 자신이 '백락'이라고 생각하는 리더는 팀원들을 '잠재력 있는 팀원'이라고 판단할 것이다. 그러나 리더가 일을 차고 앉아 하나에서 열까지 챙긴다면, 딱 리더가 일한 만큼의 조직이 될 것이다.

지속 성장하는 조직이 되려면 리더가 백락이 되어야 한다. 내가 생각하는 리더상은 누군가가 표현했듯이, "직원들의 재능 스펙트럼에서 적절한 재능을 발굴해내는 사람"이다.

외우기 쉽게 이렇게 상상해보는 것은 어떨까? 지금 당신 앞에 있는 직원은 일곱 가지 무지갯빛 재능을 가진 사람이라고.

같이 일하는 사람이 **곧 회사다**

중증외상센터 외과의사 이국종 교수는 한 인터뷰에서 "왜 그렇게 몸을 사리지 않고 일을 하시나요?"라는 질문에 "일은 내 옆의 동료를 보고 합니다"라는 대답을 했다. 이국종 교수에게 일이란 동료를 보고 하는 것이며, 그 동료가 있는 곳이 그가 재직하는 병원이다.

회사란 무엇인가? 나에게 회사란 '같이 근무하는 사람'이다. 동료가 좋으면 회사에 출근하고 싶고, 동료가 싫으면 출근하고 싶지 않다. 가장 많은 이들이 퇴사의 이유로 '같이 일하고 싶지 않은 사람의 존재'를 꼽은 것만 봐도 그렇다.

하루 중 가장 중요한 시간의 대부분을 같이 근무해야 하는데, 그런 사람을 매일 보는 것은 고문이다.

통계청 자료에 따르면 우리나라에는 약 200만 개(2021년 기준 1,995,751개)의 회사가 존재한다. 그러니 어떤 모임에 나가서 통성명을 할 때 난감하다. 듣지도 보지도 못한 회사명이 8할이다. 유명한 회사도 회사명을 영문 이니셜로 바꾸는 것이 통례다. 나만 해도 정확한 회사명은 (주)한독인데, 한독양말이나 한독화장품 등 비슷한 이름의 기업이 있어서 명함을 드리면서 "한독약품입니다"라고 소개한다. 조금 더 명확하게 할 필요가 있으면 "케토톱, 훼스탈 나오는 한독약품 백진기입니다"라고 부연 설명까지 곁들인다. 그러면 상대방이 "아, 그 회사" 한다.

산업이 고도화되고, 노동시장이 복잡해지고, 사업체의 수도 증가하니, 굵직한 대기업을 제외하곤 회사명을 잘 모른다. 관심도 없다. 그러나 사람은 여전히 중요하다. 만약 내 친구 중 스마트한 친구가 A라는 회사에 다니고 있으면, 나에게 A 회사는 스마트한 회사로 인식된다. 만약 내 친구 중 그저 그런 친구가 B 회사에 다니고 있으면 내게는 B 회사가 그저 그런 회사로 보일 것이다.

이런 경험도 해봤다. J라는 MD Medical Doctor/Director를 어렵게 영입했다. 이분은 들어오자마자 본인의 업무 범위를 확장했다. 대부분의 제약사 MD는 의학 관련 업무만 한다. 조금 더 업무를 확장하는 분은 임상 관련 업무를 하기도 한다. 그런데 이분은 연구 분야, 심지어는 RA(허가 등록) 분야까지 업무를 확장했다. 업무 완성도 또한 회사의 기대치보다 높았다. 이분이 들어오고 나니, 한 분 한 분 업계에서 내로라할 만한 분들이 들어오기 시작했다. 무림의 고수들이 모이니 정부, 학계, 의약계 등 외부에서 보는 눈이 달라졌다.

연구소는 당시 업계에서는 생소했던 '오픈 이노베이션 Open Innovation' 전략을 구사해 내·외부 프로젝트를 수행하느라 바빴다. 그분이 담당하는 부서원들의 업무 완성도 수준도 올라갔다. 협업하는 타 부서의 업무 달성 기준도 덩달아 올랐다. 업무의 달성 기준이 올랐다는 것은 곧 '조직이 개발되었다'는 뜻이다. 그분이 나간 후 그만 한 분들이 들어오지 않는다. 물론 이러한 자장 Magnetic Field 때문에 생기는 부작용도 있었다.

결국, 회사의 정체는 으리으리한 건물도 아니고, 제품도 아니다. 회사는 곧 '같이 근무하는 사람'이다. 같이 근무하는 사람이 공력이 높으면 자석처럼 인재를 끌어당긴다. 그에게서 한 수 배우고 싶은 인재들이 몰려온다. 그와 같이 일했다는 사실이 이력서 한 칸을 차지한다. 물론 역량만 뛰어나다고 인재들이 그분의 자장 안에 스스로 들어오지 않는다. 성품도 좋아야 한다.

오늘날은 촘촘하게 연결되어 있는 네트워크 사회다.
네트워크 사회는 명망을 먹고 사는 사회다.
그 명망을 만드는 분들이 회사 구성원이다.

회사가 곧 회사원이다.

결국, 회사의 정체는
으리으리한 건물도 아니고, 제품도
아니다. 회사는 곧 '같이 근무하는
사람'이다. 같이 근무하는 사람이 공력이
높으면 자석처럼 인재를 끌어당긴다.
그에게서 한 수 배우고 싶은
인재들이 몰려온다.

2.7배, 6배, 22배의 차이

팀장의 관심사는 팀원이다. 팀원 성과의 합이 팀장의 성과이기 때문이다. 성과를 잘 내는 팀원은 이쁘고, 그렇지 못한 팀원은 미워 보인다. 그렇다면 팀원 간의 성과 차이는 실제로 어느 정도일까?

인사HR 분야의 구루 제프리 페퍼Jeffrey Pfeffer와 로버트 서튼Robert Sutton의 공동 연구에 따르면, 업무가 단순할 때는 일 잘하는 직원과 일 못하는 직원의 생산성 차이는 커야 3배 정도에 지나지 않는다. 중급 정도의 난이도를 지닌 업무일 때도 생산성 차이가 최대 12배 정도다. 그러나 복잡한 일에 맞닥뜨리면, 인재와 그렇지 못한 직원의 성과는 거의 무한대에 가까운 차이가 난다. 삼성경제연구소 발표도 이와 비슷하다.

글로벌 HR 컨설팅 회사 헤이 그룹Hay Group의 리포트에 따르면 일 잘하는 직원과 일 못하는 직원의 생산성 차이는 영업 사원의 경우 2.7배, 컴퓨터 프로그래머의 경우 6배, 리더의 경우는 22배라고 한다.

여기서 구체적 수치가 맞다 틀리다 논하는 것은 어리석다. 대신 그 차이가 상상 이상으로 크다는 사실을 인식하는 것이 중요하다. 나도 처음에 헤이 그룹의 리포트를 보고 리더의 역량 차이가 22배나 난다는 것에 의문을 품었다. 그러다 금세 '아하' 하고 깨달음을 얻었다. 리더의 역량은 어느 한 순간만 발휘되는 것이 아니라, 시간상으로 과거, 현재, 미래까지 영향력을 발휘하기 때문이다.

지금의 리더 속에는 그가 만난 선배 리더들의 모습이 녹아 있다.

그토록 싫어하던 시어머니 모습을 그대로 재현하는 '새 시어머니'를 주위에서 쉽게 볼 수 있었고(지금은 며느리 눈치 보는 사회가 됐지만), 나도 어쩌다가 군대 시절 제일 싫어하던 헌병대장이 하던 짓을 그대로 하는 내 모습을 발견하고 섬찟할 때가 있다.

이렇게 리더는 지금 함께 일하는 팀원에게는 코치 겸 모델이 되고, 업무로 얽혀 있는 다른 팀장들에게도 영향을 주고, 상사에게는 물론이고 고객에게도 영향을 준다. 22배보다 크면 컸지, 작지는 않을 것이다.

컴퓨터 프로그래머도 마찬가지다. 기업체의 생산성 향상은 컴퓨터와 프로그램의 진화 및 발달과 그 궤를 같이했다고 해도 과언이 아니다. 이 과정의 키는 프로그래머다.

결과물을 보면 어떤 프로그래머가 손을 댄 프로그램인지 금방 티가 난다. 역량이 부족한 프로그래머가 짜놓은 소프트웨어는 유저들을 힘들게 하고, 누더기가 될 정도로 수정 사항이 많다. 그러나 역량 있는 프로그래머는 유저가 더 편하게 사용할 수 있도록 만든다. 손댈 것이 없다.

나는 프로그램을 만들다가 기존의 업무 프로세스를 대폭 수정하게 되는 사례를 수없이 봤다. 어느 쪽이 생산성 향상이고 비용 절감인가? 불편을 겪고 짜증 내는 유저들의 감정 비용까지 계산하면 그 차이는 6배보다 크다. 그러면서 깨달았다. 생산성 향상을 위해서는 비싼 프로그래머를 고용하는 것이 우선이라는 사실을.

어느 회사에나 있는 직무가 '영업'이다. 이 직무에서의 생산성 차이는 약 3배라고 하는데 난 동의하지 않는다. 실제 차이는 그보다 훨씬 더 크기 때문이다.

영업사원은 그 회사의 얼굴이며, 대사ambassador다. 제약회사에서는 영업 담당을 MRmedical representative(병원 영업 대표자)이라고 부른다. 신입, 경력 할 것 없이 그들은 각자 대표다. 고객이 그 한 사람을 통해 회사를 만나기 때문이다.

MR이 고객과의 접점에서 어떻게 역량을 발휘하느냐에 따라 기업이 성장하기도 하고 사라지기도 한다. 매출이 시장성장률보다 현저히 낮은 지역을 들여다보면, 그곳에는 반드시 역량이 부족한 MR이 있다. 회사는 그런 MR에게 월급을 주면서 그 시장을 망가트리고 있는 것이다. 여기에 역량 있는 직원을 투입해서 회복하려면 몇 년이 걸린다. 이 비용으로 따지자면 3배가 넘는 것은 확실하다. 다른 산업도 마찬가지다.

역량의 차이는 성과의 차이를 가져온다.
시간이 갈수록 그 누적된 성과 차이는 점점 더 커진다.
그들 간 역량의 차이도 더 벌어질 것이다.

그래서 최고의 회사에서는 최고의 인재를 획득하려고 '인재 전쟁Talent War'도 불사한다. 나도 이 전쟁에 끼어든 지 오래되었고, 내가 만나본 병원장, 회사 사장 등 C-레벨(CEO, CHRO, CFO, CIO 등) 리더들은 전부 인재 전쟁 중이었다. 모든 리더는 그 한복판에서 진두지휘하는 대장이다.

탤런트와 탤런트 매니지먼트

지금도 그 생각만 하면 픽 하고 웃음이 나온다. 아주 오래전 훽스트마리온룻셀HMR 본사(당시 한독과 합작 관계)에서 보낸 공문의 제목이 '탤런트 매니지먼트talent management'였다. 당시 나는 "무슨 제약사에서 탤런트를 관리해?"라고 생각했다. 그다음 공문 제목은 '승계 계획'이었다. 그 또한 이해할 수 없는 말이었다. '한 번 해병은 영원한 해병'처럼 같은 회사를 오래 다니는 것이 자랑이고 부장이 퇴사를 해야만 승진 기회가 있었던 때였는데, 무슨 승계 계획이 필요하단 말인가?

한번은 MD가 싱가포르 회의를 다녀온 후 "우리도 MBTI

검사를 했으면 합니다"란 말을 했다. 나는 MBTI가 무엇인지 몰랐지만 아는 척하며 얼버무렸다. 지금은 전 국민이 다 아는 용어인데 내심 창피했다. 약 25년 전이었던 당시에는 모두 처음 듣는 용어였다. 거쳐 간 외국인 보스에게는 익숙한 용어가 내겐 낯설었다. 자구책으로 박사 과정에 입학했고, 덕분에 용어에 익숙해지고 머릿속이 정리되었다.

조직에서 탤런트란 누구를 말하는 것일까? 중요한 인물, 주인공, 인재 등이 떠오른다. 일반적인 정의로 탤런트란 '중요한 업무를 수행하는 고성과자high performer 직원'이다. 그러나 대부분이 이런 기준을 찾는 데 집중하다가 오히려 그 기준에 함몰된다. 만약 S급만이 우리 회사 탤런트라고 말한다면, "S급은 A급과 별로 차이가 나지 않는데?"라고 반문한다. 혹은 "그런 기준에 따르면 우리 부서에는 1명도 없고 그 부서는 왜 그렇게 많은데?", "그 친구 재작년에는 형편없었는데 무슨 탤런트야?"라는 소리가 나온다. 그럼에도 고성과자에게는 로열젤리를 먹인다. 그렇게 해외 유학까지 보내준다며 유난을 떨며 지원해주었는데 타사로 이직한다고 하면 관련자들 모두 맥이 빠진다. 그다음엔 그런 제도도 다 쓸데없다는 기억만 남는다.

그렇다면 조직에서 가장 중요한 인물은 누구인가?

주요 보직자key job holder인 CEO? 아니면 C-레벨 임원들? C-레벨의 중요성은 두말하면 잔소리고, 실제로는 성과를 내는 팀원과 호흡하는 중간관리자들도 무지하게 중요하다. 직원들 중 고성과자도 C-레벨 리더나 중간관리자 못지않게 중요하다. 모두 중요한 인물이다. 그렇다면 이들 모두가 탤런트인가?

이렇게도 생각해볼 필요가 있다. "내가 매일 하는 업무는 하찮고 중요치 않다"라는 데에 동의하는 직원이 있을까? "나는 별 볼 일 없는 일을 하고 있는 별 볼 일 없는 직원이다"라는 말에 동의하는 직원이 있을까? 직원의 가족들에게 물으면 열의 아홉은 "우리 아빠 없으면 그 회사 바로 쓰러져요"라고 말한다. 모두 중요한 분이고 중요한 일을 하고 있다. 그 일이 중요하지 않으면 없어지거나 아웃 소싱했을 것이다.

똑같은 의문이 생긴다. 이들 모두가 탤런트인가? 그렇다. 모든 임직원이 다 탤런트다.

탤런트를 인재라고 생각하지 말고, 그냥 드라마 탤런트(주연)로 생각해보자. 주연이든 조연이든 지나가는 사람1,

2 역할이든 모두가 탤런트다. 탤런트만 있으면 드라마가 완성되는가? 그렇지 않다. 시나리오 작가, 감독, 촬영기사, 심지어는 스태프에게 식사를 제공하는 조리사까지 모두 넓은 의미의 탤런트다. 모두 탤런트인데 역할과 책임이 다를 뿐이다.

TV 드라마 감독은 역에 딱 맞는 탤런트를 선발하고 연기력을 끌어올려 시청률이 대박 나도록 해야 한다. 그래야 광고도 들어오고 이익도 나눌 수 있고 자금이 마련되어 또 다른 드라마를 찍을 수 있다. 탤런트 개인의 광고 수입, 개런티 상승 등 각자의 수입도 늘어난다. TV 드라마에는 다양한 장르가 있다. 그리고 모두 다른 탤런트를 요구한다. 그래서 '누가 중요한 인물인가, 누가 탤런트인가'를 정의하기 힘들다.

회사의 경우에도 기업 환경과 주력 사업이 변하면 그에 따른 인재상도 변한다. 과거에 성공했던 인재가 지금은 조직 성장에 장애가 되는 경우도 많다. 따라서 일률적으로 탤런트를 정의하기 어렵다. 오히려 그렇게 하는 게 위험하다. 지속 성장을 위해 회사 내의 어떤 자리든 그 업무와 포지션에 딱 맞는 사람을 뽑고recruitment, selections, 역량을 향상하고competency development, 그들이 업무에 몰입할 수 있게 지원

total return, working conditions하여 높은 성과high performance를 내도록 하고, 잘 성장하고promotion, progress 오래도록 다니게retention 하기 위해 인사 제도를 마련하는 일련의 과정 전체가 '탤런트 매니지먼트'다. 그 유명한 컨설팅 회사 맥킨지가 탤런트의 정의는 피하고, 탤런트 매니지먼트만 다룬 이유도 이 때문이다.

탤런트의 기준을 세우는 데 시간을 쏟지 말고, 탤런트 매니지먼트에 시간을 투입하는 것이 낫지 않을까?

고용권이 누구에게 있는가

리더십 워크숍을 다녀왔다. 시작부터 '긍정적인 직원 경험'을 통한 성과 창출이 주제였다. 워크숍의 끝맺음도 CEO의 '가장 신나게 일했던 과거 경험'이었다. 돌아오는 버스에서 내가 신나게 일을 했던 때는 언제인가 되짚어봤다.

직원 경험이란 무엇인가? 직원이 입사해서 퇴사할 때까지 전 과정에서 만나는 사람들, 회사의 각종 시스템과 제도, 내가 해결한 과제, 워킹 컨디션, 승진, 복리후생, 교육, 보상 등의 인사 제도, 조직문화 등을 접하면서 겪은 직원의 경험을 말한다. 지금까지 연구 결과에 따르면 그 경험이 긍정적이면 생산성이 높고, 부정적이면 생산성이 낮다. 긍정적 경험은 직원들의 업무 몰입도를 향상시켜 생산성을 높인다. 장기적으로는 소속감과 근속기간도 늘어나게 된다. 기업의 전반적인 실적도 향상된다.

컨설팅사 가트너Gartner에 따르면, 본인의 직원 경험이 긍정적이라고 답한 직원은 현재 재직 중인 기업에 머무르겠다고 답할 가능성이 60% 더 높았고, 업무 성과가 뛰어날 가능성은 69% 더 높게 나타났다.

우리나라는 미국처럼 코로나19 후 대규모 퇴직사태는 없었지만, 조용한 퇴직quiet quitting이나 잠재적 퇴직자가 확산된 것은 확실하다. 마음 떠난 직원, 조금이라도 더 나은 오퍼가 오면 타사로 옮길 태세인 직원에게 무슨 생산성을 기대할 수 있겠는가?

이런 와중에 더 중요한 것은 탤런트의 선발과 유지다. 지금은 직원을 선발하면 연봉 계약을 하고 이미 준비해둔 인사, 복리후생, 교육, 승진, 커리어 플랜에 맞춰서 직원을 끼워 넣고 있다. 그러나 탤런트는 옵션이 많은 직원이다. 택목擇木을 한다. 근무할 회사를 고른다. 맘에 안 맞으면 다른 나무를 찾는다. 그런 탤런트를 옛날에 만들어진 여러 틀에 맞춰서 끼워 넣으면 좋다고 하겠는가? 이게 언제까지 갈 것이라고 생각하는가?

고용권은 이제 회사에 있는 것이 아니라 탤런트에게 있다. 패러다임이 전환되었다.

정말 고용권을 가지고 있는(회사를 선택할 수 있는 역량을 가진) 인재라면 회사에 어떤 것을 바랄까? 개인적으로 원하는 조건까지 만족시켜 줄 필요가 있다. 더 나아가서 인재가 미처 생각하지 못한 것, 즉 "정말 이런 것도 제공해줄까?" 싶은 것까지 제공하는 것이다.

이전에는 회사의 모든 제도가 직원을 계층이나 그룹으로 다루었지만, 이제는 개인화라는 관점으로 접근할 수밖에 없다. 생각이 다 다르고 취향도 다 다른 직원들이다. 어떻게 동기요인을 파악할 수 있을까? 직원들이 다른 생각 없이 일에만 몰입하도록 하는 방법이 뭔가? 회사는 어떤 조치를 취해야 할까?

직원 본인에게 묻는다.

가장 신나게 일했던 기억을 말해보자.

누구와 일했을 때인가? 아니면 승진했을 때인가? 어떤 업무를 완수했을 때인가? 재직하며 마주했던 수많은 접점에서 신나게 일했던 기억도 있고, 그 반대의 경우도 있을 것이다.

이런 면에서 회사는 직원들이 두루 경험할 수 있는 맞춤형 플랫폼을 만들어놓고, 그들이 선택할 수 있게 해야 한다. 인사 담당자들이 존재하는 이유가 바로 이것이다.

간섭도 관리도 아닌 코칭이 답이다

리더가 며칠 자리를 비운다는 소식만 들어도 직원들은 출근길이 가볍다. 리더가 교육이라도 가면 왠지 콧노래가 나온다. 역량 있는 직원이나 그렇지 않은 직원이나 마찬가지다. 근무시간이 자유롭다. 자기들끼리 모여 리더를 안주 삼아 수다 시간도 보낸다. 그만큼 간섭이 싫다는 얘기다.

이 간섭을 리더의 입장에서는 '관리management'라고 부른다.

흔히 경영자는 어떤 리더가 사람관리people management를 잘한다 혹은 못한다고 말한다. 그런데 이런 단어를 쓰는 것이 정말 맞을까? 난 적합하지 않다고 본다. 인사관리personnel management란 단어를 쓰는 것은 동의한다. 인사관리는 조직 내에 있는 수많은 인사 관련 제도와 그 효율적·효과적 시행을 다루는 것이기 때문이다.

그러나 사람을 관리한다는 말은 자칫 직원들 입장에서는 '관리당하는 것'으로 느껴질 수 있다. 그러니 관리를 간섭으로 받아들이게 되는 것이다. 간섭은 마음의 빗장을 걸게 만들어, 수동적 반응만을 도출한다. 겉으로 보기에는 '관리'되고 있는 듯 보이나 그렇지 않다. 오히려 반감을 키운다. 일의 완성도는 떨어지고 역량도 늘 제자리다. 왜 그 직원을 특별하게 관리하려고 하는가? 일의 완성도를 높이고 역량을 강화하기 위해서다. 그렇다면 미래 발전적인 의미를 담고 있는 코칭이란 단어를 쓰는 것이 나을 것 같다.

또 자원resource이란 단어도 다시 생각해봐야 한다. '인사'의 조직 내 명칭은 어느새 'HRMHuman Resource Management'으로, '교육'의 조직 내 명칭은 어느새 'HRDHuman Resource Development'로 일반화되었다. 회사의 재무, 시설, 정보 등은 자원이라고 부르는 것이 맞다. 그러나 조직에서 사람은 주체이지 자원이 아니다.

직원은 리더와 같이 조직 내 자원들을 이용해 멋진 성

과를 내는 주체이자 파트너다. 사람관리나 HR, HRM, HRD 등의 용어는 요리의 주체인 사람을, 재무나 정보 혹은 시설처럼 어떤 결과물을 내기 위해 필요한 재료(객체)와 같이 취급하는 시각에서 나온 단어다. 나도 무심코 이런 경향을 따랐던 것을 반성한다.

직원은 결코 리더의 단순한 자원에 불과한 존재가 아니다. 위대한 회사는 지속적으로 성장하며, 이 같은 성장에는 리더와 직원들의 업무에 대한 '몰입'이 있다. 뒤집어서 생각해보면, 몰입하는 직원이 많은 회사가 지속 성장하고, 결국 위대한 회사가 된다. 그 행간에는 리더들이 직원들을 '같은 주체'로 보는지, 또는 그저 '자원이나 관리의 대상'으로 보는지가 숨겨져 있다.

연애 도사는 어장 관리란 말을 쓴다. 그런데 만약 내가 그 안에 들어간 물고기라는 것을 깨닫는다면 어떻게 될까? 알게 된 순간 어장에서 빠져나올 것이다. 1초도 안 걸린다. 빠져나온 물고기는 사방에 '네거티브'를 떠들어댄다. 어장 관리가 제대로 될 턱이 없다. 물고기가 다 빠져나간 어망에는 쓰레기만 잔뜩 쌓이고, 과거의 연애 도사는 존재조차 찾을 수 없게 된다.

조직도 마찬가지다.

몰입하는 직원이 많은
회사가 지속 성장하고, 결국 위대한
회사가 된다. 그 행간에는 리더들이
직원들을 '같은 주체'로 보는지,
또는 그저 '자원이나 관리의 대상'으로
보는지가 숨겨져 있다.

알다가도 모를 인재 감별법

알다가도 모르겠는 것이 사람이다. 사람을 선발하면서 숱한 실패를 경험했다. 물론 그 실패보다 많은 성공을 했으니 이렇게 글을 쓰고 있지만, 사람은 알다가도 모르겠다.

회사에서 사람을 선발하는 잣대는 'P+(J+O)'다. 여기서 P란 성과performance다. 괄호 안에 있는 J는 직무 적합성job fit이고, O는 조직 적합성organization fit이다. 더 단순하게 말하면, 기업은 성과를 기대하고 사람을 선발한다. 그러나 반대로 기대하던 성과를 내지 못하면 선발 실패다.

성과를 낼 수 있는가 없는가를 가늠해보는 것이 직무

적합성이다. 조직이 지향하는 가치를 잘 따르며 협업을 통해 성과를 낼 수 있는가를 따져보는 것이 조직 적합성 판별이다. 이 두 가지를 확인하려고 구조화된 선발 시스템을 갖추고 구조화된 면접을 진행한다. 잘 훈련된 면접 위원을 투입하고 레퍼런스를 체크한다(보통 이때 대부분 긍정적으로 말하기 때문에 신뢰도는 떨어진다). 여러 채널을 통해 호들갑을 떨어도 여지없이 실패는 나오고, 결국 망연자실해진다. 그러면 이렇게 몇 가지 말로 나 자신을 다독여본다.

- 의도적 거짓말faking까지 할 각오로 만반의 준비를 한 지원자라면 누구든 당할 수밖에 없다.
- 자기 자신을 과대평가하는 등 자기인식self-awareness 수준이 떨어지는 분들이 의외로 많다.
- 성과는 그 사람의 역량 등의 귀인 요인뿐만 아니라 시장 상황, 회사 지원, 고객 상황에 따라서 모두 다르기 때문에 전 직장에서 잘했다고 해서 우리 회사에서도 잘한다는 보장이 없다.

이런 말들로 스스로 위안 삼긴 하지만, 마음이 편치 않다. 그때 왜 그 사람을 못 골라냈을까? 후회 때문에 자다가도 깰 때가 많다. 이 부분은 지금도 더 과학적인 선발 방법을 고민해서 실패 확률을 줄이려고 노력하고 있지만, 이 과정 중에서 터득하게 된 내 나름의 인재 감별법이 있다.

먼저, 일을 잘한다는 것이 무엇인가? 상대적 개념인가? 아니면 절대적 개념인가? 상대적 개념이라는 것에 한 표를 던진다. 왜냐하면 일을 잘한다, 못한다는 관리자가 판단하기 때문이다. 직원들의 입장에서는 그 업무에 대한 경험, 역량, 태도가 다 다르다. 한마디로 정리하면 이렇다. 관리자의 기대치를 넘어서면 "어허, 이것 봐라. 잘하네"라며 일 잘하는 사람으로 평가하고, 기대치에 못 미치면 "일을 잘 못하는 직원"이라고 판단해버린다.

즉, 기준은 관리자의 기대치expectation line다.

기대치는 경력자에게는 높고 신입에게는 낮다.

이미 일 잘하는 직원에게는 높고, 평소 일을 잘 못하는 직원에게는 낮다.

조금 더 디테일하게 들여다보자. 구품중정법처럼 9단계는 아니고, 5단계로 감별하는 방법이다. 편의상 5단계를 S, A, B, C, D라고 하자. 기대치를 넘어서면 S급, A급 사원이다. 기대치에 못 미치지만 거의 그에 다다르면 B급이고, 기대치에 못 미치면 C급, D급 사원이다.

먼저 직원들이 완료한 일들을 보면 구분할 수 있다. D급은 관리자가 시켜야만 일을 하고 일의 완성도가 아주 낮다. 늘 관리자의 코멘트를 수차례 거쳐야 한다. 일의 주체가 D가 아니라 관리자다. C급은 관리자가 일을 시키면 바로 하기는 한다. 업무 완성도가 낮다. 신입이나 지금 막 그 일을 새로 담당한 직원도 그 정도는 한다. B급은 일을 능동적으로 찾아서 하고 과거 자료나 업계 동향이나 이해관계자의 피드백을 받아서 일을 완수한다. 기대치를 충족한다.

A급은 B급이 하는 일에 부가가치를 더한다. 그러면 관리자가 "어허, 이 친구 봐라" 하고 속으로 놀란다. B급인가, A급인가는 관리자의 기대를 넘어서 "이런 것까지?"라고 할 정도로 '부가가치를 만들었는가' 여부로 판가름 난다. S급은 극히 드물다. 업무 완성도가 높음은 물론이고, 그간에 해오던 업무 과정도 혁신paradigm shift하여, 그 이후에는 이 직원이 만든 업무 프로세스를 따르는 것이 생산성이 높아, 타 업무나 타 부서에도 영향을 끼치는 정도의 직원이다.

난 그간 내심 최소한 부가가치를 내는 사원을 선발하고 육성하는 데에 포커스를 맞췄고, 업무의 패턴을 뒤흔들어 놓을 패러다임을 변화시키는 직원을 찾아내고 그들이 근무할 수 있는 인사 제도를 정착시키는 데 힘썼다.

그렇게 하나하나 모시다 보면 어느새 조직이 발전된 모습을 발견하게 된다.

지난 수십 년 동안 해온 일이다.

직원의 역량과 성과를 파악하라

조직에서 리더가 직원에게 궁금해하는 바는 단순하다.

"그 친구 일 잘해?"

즉, 일을 잘하느냐 못하느냐의 문제다. 이를 한 단어로 '역량'이라고 설명할 수 있다.

팀원의 역량을 어떻게 판단할 수 있을까? 역량을 x축으로, 성과를 y축으로 십자를 그리면 4개의 면이 나온다. 오른쪽 상단부터 시계 반대 방향으로 A, B, C, D, 네 그룹으로 분류할 수 있다. 팀원들마다 필요한 것과 원하는 것이 다르고, 리더가 팀원에게 요구하는 역량과 성과의 크기도, 기대

역량과 성과를 기준으로 한 분류

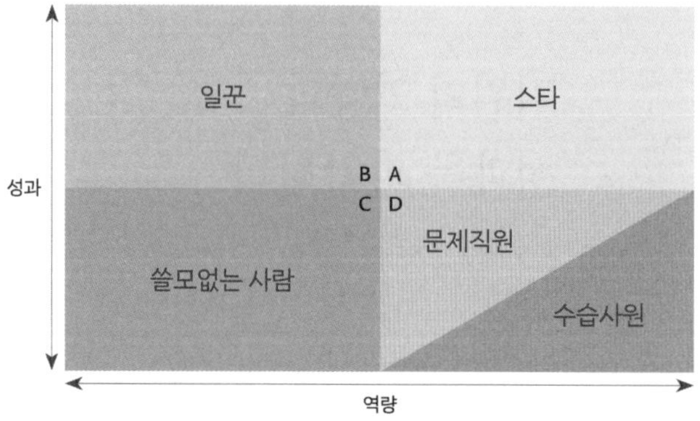

치도 다 다르다. 아래 제시하는 팀원 분류는 아주 좋은 방법은 아니지만, 그래도 현장에서는 꽤 의미가 있다. 팀원들을 4면에 넣어보면 의외로 심플하게 조직관리도 할 수 있다.

A면 - 스타Star(역량 높음, 성과 높음)

스타에게는 인정과 보상, 새로운 업무 도전 또는 승진 기회와 더불어, 지금 하고 있는 업무를 숙달시키는 훈련training이 아닌 앞으로 맡게 될 직무를 위한 교육education의 기회를 부여하는 등의 인사관리가 필요하다. 만약 이러한 조치가 늦어지면 어떻게 될까? 이는 스타 조직원의 퇴직으로 이어지며, 회사에 큰 손실을 안겨준다. 최악의 경우에는 이 직원이 우리의 강한 면과 약한 면을 모두 숙지한 채로 적군의 장수가 될 수도 있다.

B면 - 일꾼 Workhorse**(역량 낮음, 성과 높음)**

일은 더디게 하지만 맡은 바 업무는 완성하는 유형이다. 이들에게는 업무량을 빨리 처리할 수 있도록 역량 강화 훈련의 기회를 부여하고, 업무를 축소하는 등의 인사관리 방법을 사용할 수 있다. 만약 이러한 조치가 늦어지면 어떻게 될까? 번아웃으로 팀 전체 성과 달성을 어렵게 할 뿐 아니라, 계속 방치하면 이들도 휴직, 퇴직 등 나름의 옵션 카드를 꺼내게 된다.

C면 - 쓸모없는 사람deadwood**(역량 낮음, 성과 낮음)**

미국 같으면 바로 퇴출의 대상이 되는 유형이다. 미국 영화에서 어느 날 갑자기 상사에게 해고 통지를 받고 그 즉시 박스에 자기 물건을 담고 회사 밖으로 쫓겨 나가는 장면을 본 적이 있을 것이다. 나는 인사 일만 약 40년을 했고, 노동위원으로 13년째 활동하고 있다. 우리나라 노동법상 이런 일은 불가능하다.

이 유형은 리더의 디테일한 관리와 코칭이 필요하다.

단기간 성과 목표를 세우고 중간중간 체크해야 한다. 필요하면 매일이라도 체크해야 한다. 물론 직장 내 괴롭힘의 빌미를 주지는 말아야 한다. 또한 회사 차원에서 PIPperformance improvement plan를 운영하는 것을 추천한다. PIP는 이미 대법원 판례에서 그 정당성과 필요성을 인정받았다.

이런 유형을 그냥 놓아두면 어떤 사태가 벌어질 것 같은가? 조직 전체가 바이러스에 감염된다. 감염되면 이전으로 회복하기 어렵다. 조치를 하지 않으면 서서히 조직 전체의 성과가 떨어지고, 다른 곳에 언제든지 갈 수 있는 '스타'가 제일 먼저 조직을 떠난다. 악화가 양화를 구축하는 순간이다. 잘나갔던 회사가 마치 은막에서 사라지듯 몇 년 반짝하고 사라지는 사례를 많이 봤다. 이 유형의 존재를 간과하거나, 애써 피했다는 것이 큰 원인 중 하나였다. 이들을 관리하는 것이 리더에게는 숙명 같은 숙제다.

D면 - 수습사원trainee **및 문제직원**problem child**(역량 높음, 성과 낮음)**

D면에는 두 부류가 있다. 하나는 회사에 갓 들어와 교육 과정 중에 있는 수습사원이고, 다른 하나는 역량은 있는 것 같은데 미성숙한 문제직원이다. 수습사원을 그냥 두면 어떻게 되겠는가? 불 보듯 뻔하다. 업무에 바쁜 '스타'나 '일꾼'

은 같이 놀아줄 시간이 없으니, 자연스럽게 '쓸모없는 사람'이나 '문제직원' 하고 어울리기 마련이다. 이 두 부류가 수습사원에게 무슨 말을 해줄까? 조직의 네거티브한 면만 부각할 것이다. 그래서 강제로라도 수습직원을 스타나 일꾼과 연결해주는 멘토-멘티 프로그램이 필요하다.

문제직원도 리더의 레이더망에 넣어야 한다. 문제직원은 일을 시키면 하긴 하는데, 여러 가지 조직 내 문제를 만드는 직원이다. 깊게 파고들어 문제 원인을 파악하고 해결하는 데 주력해야 한다. 성숙도도 끌어올려야 한다. 성숙의 3단계continuity of maturity(1단계 의존, 2단계 독립, 3단계 상호의존)에서 한 단계라도 끌어올리기 위한 코칭을 해야 할 것이다.

머릿수 채운다고 해결될 일은 아니다

평소 조용하고 일 잘하던 김 대리가 팀장에게 면담을 요청했다. 회사를 나간다고 한다. 이유는 묻지 말아달라고 한다. 팀장의 머릿속은 순간 복잡해졌다. 평소 맡은 업무를 기대 이상으로 해와서 믿고 있던 팀원이었기 때문이다. 그래도 잡고 싶어 물었다.

"나 때문에 그러는 걸까?" 하니, 그렇지 않다고 한다. "가는 곳이 어디냐?" 하니, "아직 말씀드릴 수 없다"고 답한다. "말할 수 없는 모양이니 경쟁 업체냐?" 물으니, 그것도 아니라고 한다. "연봉을 많이 주는지?" 물으니, 조금 더 오르지만 그것이 주된 이유는 아니라고 한다. “그럼 일이 힘들어서 그러냐?”고 해도 고개를 젓는다. “누가 너를 괴롭히니?”, “아닙니다. 다들 좋은 분들입니다.” 스무고개를 해도 맞히지 못했다.

퇴사 이유처럼 복합적인 것이 없다. 팀장은 면담이 끝나고 나오면서도 내내 ‘이게 뭐지?’라는 생각이 든다. 머릿속은 더 복잡해진다. 김 대리를 잡을 수 있는 방법은? 임원들에게는 뭐라고 말하지? 김 대리가 퇴사하면 당장 그 업무는 어떻게 하나? 그렇게 이틀에서 사흘이 지나고 2차 면담을 해도 더 알아낸 사항이 없으면 그때부터는 ‘포기 모드’로 바뀐다. 포기 모드가 작동되면 누구에게 그 일을 시킬 것인지 인력 충원에 집중한다. 내부에서 업무를 재배치하거나, 업무 담당을 재배치하거나 경력 사원을 데리고 오는 것 등 가능한 방법을 생각해볼 수 있다.

1) 내부에서 업무 재배치 Job Reallocation

이번을 아주 좋은 기회로 삼아, 내부 업무 재배치로 팀원들의 직무를 확장하여 경력을 쌓을 수 있게 한다. 업무 재조정 Job Restructuring을 통해 팀에 최소 필요 인력을 줄이고, 생산성을 높인다. 재배치 후 부족한 인력을 다시 산정해본다.

2) 내부에서 업무 담당 재배치Job Rotation

강제로 업무 담당 재배치를 하는 것은 그리 쉽지 않다. 그런 면에서 보면 이번이 기회다. 남은 팀원들의 업무를 로테이션시키고 가장 약한 부분의 업무를 사내 혹은 외부인 채용으로 채운다.

3) 사내 다른 부서원 중 선발Internal Job Opening

공개적으로 사내에서 그 직무를 수행할 수 있는 직원을 선발한다. 일단은 정착률이 50% 정도로 높다. 회사의 시스템, 조직문화, 후보의 성향까지도 검증되었기 때문에 부족한 직무역량만 채우면 된다. 팀장이나 팀원들의 일대일 지도가 필요하며, 상당 기간이 소요된다.

4) 외부에서 같은 업무를 하던 경력 사원 채용External Job Opening

제일 쉬우면서도 어려운 방법이다. 먼저 쉽게 여겨지는 이유는 리더가 그 정도 일을 할 사람은 시장에 다 있다고 생각하기 때문이다. 자리가 비면 언제든지 시장에 가서 쇼핑하듯 사 오면 된다고 여기는 관리자도 많다.

그렇다면 경력직 채용이 어려운 이유는 무엇인가? 한 번도 겪어 보지 않은 팀원 후보와 만난다는 점이다. 실제로 일하는 것을 한 번도 보지 못한 채 면접을 봐야 한다. 이력서를 어떻게 부풀렸는지도 자세히 들여다보지 않으면 놓치기 쉽다. 오래 같이 근무하고 있는 사람들도 가끔 서로 놀라는데, 한 번 만나서 인터뷰하고 "그 사람은 이런 사람"이라고 말하는 리더를 보면 참 경박하다, 위험하다는 생각마저 든다. 사람을 선택한다는 일은 어렵고 또 어렵다. 40여 년을 근무하면서 가장 어려운 일이 무엇이냐고 질문하면, 나는 서슴없이 인재 선발이라고 답한다. 리더 선발은 더욱 어렵다.

그 외에도 5) 평소에 그 업무에 대한 정·부 담당을 임명해 운영하는 방법과 6) 주요 포지션에는 승계 계획을 운영해보는 방법이 있다.

1), 2) 번은 어떤 경우라도 사용해야 하는 방법이다. 5), 6) 번 방법은 긴 호흡으로 접근하는 방식이다. 4) 번 카드를 부득이하게 사용할 때는 3) 번 카드를 동시에 써서 회사 안팎에서 가장 그 일을 잘할 수 있는 직원을 선발하는 것이 좋다.

무엇보다 중요한 것은 리더가 그 빈자리에 필요한 역

량, 즉 '최소한 이 정도는 할 줄 알아야지'란 기준을 가지고 있는지 여부다.

머릿수 채운다고 해결될 문제는 없다. 오히려 자리가 비었다고 제대로 된 기준 없이 선발했다가 조직 발전은커녕 조직 퇴보의 길로 접어든 경우를 많이 봤다. 선발 기준을 세우고, 그 기준을 높이는 회사는 나선형이든 직선형이든 지속 성장할 것이다.

진짜 인재를 선발해도 부족한 판인데, 머릿수만 채우는 조직이라면 눈을 씻어도 비전을 찾아보기 어려울 것이다.

나는 이 회사에 꼭 필요한 존재인가

가끔 내가 이 회사에 진짜 필요한 존재인지 아닌지 확인하고 싶을 때가 있을 것이다. 리더이든 팀원이든 마찬가지다. 그럴 때 아주 쉽게 확인하는 방법이 있다. 사표를 내보는 거다. 사표를 내면 리더들의 반응이 어떨까?

만약 어떤 회사에 S, A, B, C, D 5단계 상대평가가 있다고 가정해보자.

만약 C나 D급 사원이 사표를 내면 보스는 내심 반가울 것이다. 그러면서 "뭐 어디 좋은 데 가는 모양이지?" 하고는 바로 본인 결재 후 담당 임원에게 사직원을 들고 간다. 가서 "제가 해결했습니다"라고 하면 담당 임원이 "정말 수고했어요, 김 팀장"이라며 칭찬을 할 것이다. 결재가 일사천리다. 그러고 나서 바로 온라인 사내 게시판에 공시된다.

B급 사원이 사표를 내면 보스는 그간 같이 근무한 정 때문에 약간 고민한다. "가려는 회사가 어떤 회사인데, 와이프하고 상의는 해봤나?", "이틀 시간을 줄 테니 한 번 더 생각해보고 다시 만납시다. 사직원은 내가 갖고 있을게"란 반응이 나올 것이다.

S, A급 사원(탤런트)은 어떨까? 보스는 "혹시 나 때문에 사표를?", "이 친구가 나가면 우리 팀은 어떡하지?"라는 반응을 보일 것이다. S, A급 사원이 나간다고 하면 윗분들에게 그것도 사전에 파악하지 못했냐며 추궁을 받을 것이다. 일단 S, A급 사원을 밖으로 데리고 나가 대낮에 술 한잔하고 사정사정해서 사직원을 찢는다. 담당 임원에게 찢은 사직원을 들고 가서 "제가 해결했습니다"라고 하면 담당 임원이 "정말 수고했어요, 김 팀장"이라며 칭찬할 것이다.

S, A급은 헤드헌터의 타깃이다. 헤드헌터들은 소개가 성사되면 고정 연봉의 20~33%를 소개비로 받는다. 정확한 통계는 알 수 없지만 국내에서 고용 알선업을 하는 분들이

적어도 5,000명이 넘는 것으로 알고 있다. 이들이 하는 일은 가만히 잘 근무하고 있는 'S급 직원'을 흔드는 것이다. 반대로 이들이 안 하는 일은 'C, D급 직원'을 흔드는 것이다.

왜일까? 기업으로부터 '재구매'가 되지 않기 때문이다. C, D급 직원을 잘 포장해서 한 번은 기업에 소개할 수는 있다. 그런데 집에서 새는 바가지가 밖에서도 새듯 옮긴 기업에 가서도 약 3개월에서 6개월 후면 이들의 정체가 드러난다. 그러면 그 헤드헌터나 서치펌을 다시 쓰겠는가?

병원도 사정은 마찬가지다. 며칠 전 저녁을 같이한 큰 병원장님의 고민도 탤런트급 의사의 이동과 충원이었다. 모든 조직이 탤런트 전쟁 중이다.

그럼 나는 과연 어떤 직원일까? 일단, 내가 탤런트인지 아닌지 헷갈린다면 십중팔구 탤런트가 아니다. 사표 내는 방법은 리스크가 있어서 못 하겠다면, 최근에 헤드헌터에게 전화 온 적이 있는지를 생각해보면 된다. 연락을 받은 적이 없다면, 탤런트가 아니다. 웃자고 하는 얘기지만 현실이다.

리더에게는 이런 제안을 하고 싶다. 전체 직원을 대상으로 계산하는 퇴직률은 별 의미 없다. 탤런트 풀에서의 '탤런트 퇴직률'을 계산해보자. 관리할 대상은 탤런트다. 탤런트가 그 조직에 있으면, 낙수효과trickle-down effect처럼 탤런트와 같이 근무하고 싶은 탤런트와 준 탤런트가 오기 마련이다.

우산 속에 숨는 저성과자

오래전 김택진 엔씨소프트 대표가 쓴 「살아남는 집단, 사라지는 집단」이란 칼럼을 본 적이 있다. 그는 서로 협력한 집단이 승리해왔고, 반대로 무임승차자의 폐해를 그냥 놓아둔 집단은 사라졌음을 실험과 역사와 진화가 증명한다고 주장했다. 오랫동안 인사쟁이로 살아온 나로서는 이 주장이 지금도 그리고 앞으로도 유효하다고 생각한다.

핵심 인재 관리만큼 중요한 것이 무임승차자를 포함한 저성과자(이하 저성과자) 관리다. 저성과자를 그냥 두어서는 안 된다는 것을 모르는 리더는 없다. 다만 손이 더 가서 귀찮다고 생각하거나, 해봐야 소용이 없다며 포기하는 경우가 종종 있는 것 같다. 그러나 방치하면 곪고 암 덩어리가 된다. 암 덩어리를 수술하면 살 가능성도 있지만, 전염성이 강하기 때문에 조직 전체가 부정적인 영향에 감염된다. 손을 쓸 수 있는 단계를 넘어서면 명의가 와도 소용없다.

저성과자 관리를 제대로 하지 않는 수동적 접근은 결국 큰 파장을 불러온다. 그럼에도 저성과자를 체계적으로 관리하는 회사는 드물다. 체계적으로 관리한다고 하는 회사도 저성과자 관리에 성공했다고 보기는 힘들다. 그렇다고 완전히 방치하는 회사도 없다. 시스템의 강도에 차이가 있고, 성숙도에 차이가 있을 뿐이지 뭔가 조치는 한다. 그러나 이런 조치에는 한계가 있다.

"우리 회사는 저성과자를 잘 관리하고 있다"고 대놓고 떠들어댈 수 없는 모순도 상존한다. 퇴사한 직원이 저성과자라는 낙인이 찍혀 노동시장에서 퇴출되는 상황이 발생할 수 있기 때문이다. 또 하나의 허들은 노동법과 그 관련 업무를 다루고 있는 정부 기관의 해석과 판단이다. 판례도 마찬가지다. 최근 저성과자 직권 면직에 대해 기업 측이 승소한 판례가 생기고 있지만, 대부분의 경우는 패소한다. 저성과로 인한 해고는 법적으로 접근하면 거의 불가능에 가깝다. 더불어 근로조건의 저하에 관해서도 상당히 엄격한 제한을 두고 있다. 노조도 극성이라 노조라는 우산에 숨어 들어가는 직원도 상당히 많다. 노조가 대신 싸워주고 보험금을 내는 형편이다. 따라서 회사에서 취할 수 있는 조치는 많지 않다.

그렇지만 인사 제도상의 차별화를 통해 할 수 있는 조치는 있다.

먼저 지속 성장을 위해서 조직에서 보호할 만한 가치가 있는 곳이 어디인지 따져보자. 조직의 성패는 소수의 핵심 인재 그룹(A)에만 달려 있는 것이 아니고, 대다수를 차지하고 있는 약 70~80%의 보통 성과자 그룹(B)이 어느 쪽을 바라보느냐에 달려 있기 때문이다. 보통 성과자가 핵심 인재를 쳐다보며 "나도 노력해서 핵심 인재가 돼야지" 한다면 조직은 승리하는 것이고, 보통 성과자가 저성과 그룹(C)을 쳐다보며 "저렇게 일해도 월급이 나오는데 뭐 하러 이렇게……."라고 생각하면 조직은 패하는 것이다. 따라서 지속 성장을 하려면 성과와 역량에 따른 차별을 두고 인사 제도를 설계해야 한다.

B 그룹에 올바른 방향성을 제시하기 위해서 A 그룹의 패키지를 더 좋게 만들고, C 그룹의 패키지를 안 좋게 설계하는 것이다. A 그룹에 들어오면 급여 인상, 승진 혜택, 교육 기회 부여, 새로운 업무 기회 부여 등 각종 혜택과 기회를 주고, C 그룹에 들어오면 A 그룹과 차별화하여 누적적으로, 또 상대적으로 손해를 보는 패키지를 받게 해야 한다.

'성과관리가 왜 안 되는가?'라는 설문에 제일 응답자 수가 많은 답변이 '피드백의 부족'이었다고 한다. 그리고 3위에 오른 답변이 저조한 성과 보상이었다. 개나 소나 다 타는 성과급은 싫다는 것이다. 차별화된 인사 제도의 구현이 우선이다.

스스로 저성과자라고 말하는 팀원은 없다

지금은 사노피에 흡수합병된 아벤티스(2000년 당시 글로벌 5~6위)란 제약사가 있었다. 본사에서 마련된 HR 대표 회의(한국은 한독-아벤티스)에 참가했었다. 아벤티스는 훽스트, 마리온, 룻셀과 롱프랑로라가 합병한 회사로, 참가자의 출신도 각양각색이었다. 다 다른 인사 제도를 가지고 있었다. 그러니 그해 HR의 핫이슈는 '통일된 성과관리 제도'의 전달이었다. 참가자들은 다들 HR 전문가였기에 의견이 분분했다.

그러나 모든 국가에서 공통적으로 나타난 평가 경향이 2개 있었다. 자기평가 관대화 경향과 관리자 평가 관대화 경향이었다. 절대평가인데 관리자에 대한 평가가 평균 103~106%였으며, 자기평가는 이보다 훨씬 더 높았다. 그때까지만 해도 우리나라 관리자만 그런 줄 알았다. 우리나라 직원들만 자기평가에 관대한 줄 알았다. 그런데 귀국해서 평가 결과를 분석해보니 상위 그룹(15%)의 자기평가와 관리자 평가는 그 갭이 적은데, 하위 그룹(15%)은 자기평가가 관리자 평가보다 월등히 높아 그 갭이 훨씬 큰 것을 알게 되었다.

한마디로 자신이 저성과자라고 인식하는 팀원은 없다는 것이다.

왜 지나치게 자신을 과대평가하는 현상이 나타나는 것일까? 왜 하위 그룹만 특별히 자기인식이 제대로 안 되는 걸까?

코넬대학교의 데이비드 더닝과 저스틴 크루거가 제안한 더닝크루거 효과Dunning-Kruger Effect에 따르면, 능력이 없는 사람은 잘못된 판단을 내려 잘못된 결론에 이르지만, 능력이 없기에 자신의 실수를 알아차리지 못한다고 한다. 그로 인해 능력이 없는 사람은 환영적 우월감으로 자신의 실력을 실제보다 높게 평균 이상으로 평가한다는 것이다.

성과 하위에 속하는 팀원들일수록 자신의 역량이나 실적을 평균보다 높게 평가한다. 이런 분들이 조직 곳곳에 도사리고 있다. 여기서 궁극적 숙제는 자기인식을 높이는 방법을 찾는 것이다. 세상에 일 잘하고 자기 인식도가 높은 직원들로만 구성된 팀을 운영하는 리더는 없다. 그들을 돕는 방법을 찾아야 한다. 내가 찾은 몇 가지 방법을 소개한다.

남이 보는 나를 경험하게 하라

코칭의 첫 단추는 360도 피드백이다. 주위에 있는 다른 분들이 그 사람을 어떻게 평가하고 있는지 알려주는 것이다. 대부분 360도 피드백을 설문조사로 하는데, 이러면 임팩트가 없다. 내게 코칭 스킬을 가르쳐준 '경영자 코칭의 권위자' 로버트 하그로브Robert Hargrove는 직접 인터뷰를 해서 적거나 녹음한 것을 당사자에게 들려주는 방식으로 360도 피드백을 한다.

우리가 코칭을 하는 이유는 무엇인가? 행동의 변화를 끌어내기 위함이다. 주위 사람에게 묻고 그들이 얘기한 것을 그대로 전달해보면, 처음에는 충격에 빠질 것이고 이후에는 그의 행동 변화가 보일 것이다.

상호 기대치를 구체화해서 문서로 남겨라

말로 해서는 안 된다. 잔소리가 된다. 본인은 잘하고 있다고 생각하는 팀원인데 피드백을 준다고 불러서 이야기를 하면, 속으로 '너나 잘하세요' 하지 바뀌지 않는다. 일을 시켜도 구체적으로 시키고, 시킨 다음에 기록하고, 일이 끝난 다음에 완성 수준을 꼭 확인해야 한다. 손이 많이 간다.

나는 이럴 때 목표 설정 시 쓰는 'SMART Specific, Measurable, Achievable, Relevant, Time bound' 방식을 권한다. 그리고 업무 지시 후에 당사자가 들은 것을 확인하고, 정확히 달성해야 할 업무 수준을 기록해야 한다. 그의 생각이 나와 같지 않음을 이 과정에서 뼈저리게 느낄 것이다.

벤치마킹 포인트를 찾게 도와줘라

객관적으로 저성과자인데 주관적으로는 고성과자인 이들의 공통점은 일의 완성도에 대한 판단 기준이 낮다는 것이다. 예를 들면 상위 그룹은 '불량률 제로'에 도전하는 반면, 이들은 '불량률 평균 정도'에 만족하는 수준이다. 따라서 같은 회사, 다른 회사, 동 업계 등을 통틀어서 벤치마킹 포인트를 자기가 찾도록 강제로 주문을 해야 한다. 그래야 그 갭을 스스로 찾고 자기인식을 제대로 할 수 있다.

2

사람을 얻는 리더십

피드백과 소통의 힘

당신은 리더인가, 관리자인가

리더와 관리자라는 용어가 현장에서 혼용되고 있다. 리더십leadership과 관리management라는 단어도 섞어서 쓴다. 과거에는 회사에서 관리자란 단어를 많이 쓰다가 이제는 리더를 더 많이 쓰는 것 같다. 왜 그럴까? 분명 의미가 다르기 때문일 것이다. 적어도 관리자나 리더라면 뭐가 다른지는 알 필요가 있겠다.

나의 멘토 중 하나인 워런 베니스Warren Bennis는 리더십과 관리의 차이를 명확히 설명했다. 여러 가지 단어로 구분해놓았지만, 그렇다고 다 외울 필요는 없다. 즉각 써먹지 못

하는 지식은 내 것이 아니다.

한마디로 말하면, 리더십은 'on the system'이고, 관리는 'in the system'이다. 'in'과 'on'의 차이다. 스펠링 한 자 차이다. 리더십은 아직 해본 적이 없는 일거리에 도전해서 성과, 조직, 규정 등의 시스템을 만들어 나가는 것을 의미하고, 관리는 이미 만들어진 시스템 내에서 잘 운영하는 것을 말한다. 따라서 리더십의 키워드는 '효과effectiveness'이고, 관리의 키워드는 '효율efficiency'이다. 효과적이란 말은 방향이 잘 맞았다는 말이다. 반대로 효과적이지 않았다는 말은 방향을 틀리게 잡았다는 말이다. 효율적인가 아닌가를 따지는 것은 얼마를 투자했고, 그 결과 얼마나 남았나를 따지는 것이다.

이 의미를 보면 왜 요즘은 관리자보다는 리더란 말을 많이 쓰는지 알게 된다. 오늘날에는 단칼에 해결할 수 있는 일이 없다. 복잡하고 빠르게 변화하는 시장에서는 방향을 제시하는 리더십이 필요하다.

그렇다면 관리는 언제 필요할까? 규모가 큰 기업일수록 팀장부터 최고경영층까지 다양한 종류의 관리자가 존재할 수밖에 없다. 리더십 파이프라인 모델을 보면 individual contributor(팀원)-people leader(팀장)-operation leader(실장 등)-strategic leader(C-레벨 리더) 등으로 구분한다. 각 리더십 파이프라인에 해당되는 기대치는 다르다. 팀장은 관리가 주된 역할이고 약간의 리더십 발휘가 요구된다. 그렇기에 팀장들에게는 붕 뜬 리더십(가령 간디나 잭 웰치의 리더십 등)을 교육할 것이 아니라, 관리 스킬을 교육할 필요가 있다. 반대로 C-레벨 리더에게는 비즈니스 방향 설정 등의 리더십이 요구되며, 관리 역할의 비중은 매우 적다. 그래서 우리가 '관리 스킬'이라는 말은 써도, '리더십 스킬'이라는 말은 쓰지 않는 것이다.

주임이나 대리급 같은 임원이 버젓이 존재한다. 누가 대리급 임원인지 직원들이 다 알고 있다. 이런 분들이 많은 조직이면 비전이 있겠는가? 선택지가 많은 고성과 직원이

리더에게 요구하는 기대치

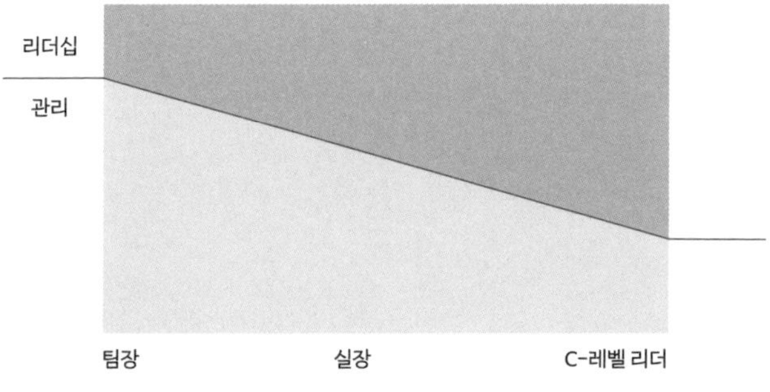

오래 다닐 수 있겠는가?

조직에는 '다움'이 필요하다. 팀장다움, 실장다움, 전무다움……. 각 자리에 대한 기대치와 일치해야 한다는 말이다.

회사에서 불리는 직책이나 직위 명칭이 팀장이든 부장이든 본부장이든 이사, 상무든 중요치 않다. 나는 지금 관리 스킬을 발휘하고 있는가, 아니면 리더십을 발휘하고 있는가? 중요한 것은 이것이다. 상급 리더라면 리더십의 영역을 넓혀가야 한다.

지금 나의 위치는 어디에 있을까?

리더십은 'on the system'이고,
관리는 'in the system'이다.
리더십은 아직 해본 적이 없는 일거리에
도전해서 성과, 조직, 규정 등의 시스템을
만들어 나가는 것을 의미하고,
관리는 이미 만들어진 시스템 내에서
잘 운영하는 것을 말한다.

최악의 리더는 피드백을 주지 않는다

내가 생각하는 최악의 리더는 피드백을 주지 않는 리더다.

리더는 직원들에게 일을 시키는 장본인이다. 일을 시키고 피드백을 주지 않는다는 것은 엄연한 '직무 유기'다. 나는 피드백을 리더의 책임responsibility=response+ability이라고 생각한다. 피드백을 부지런히 하는 리더가 책임감이 강한 리더다.

적절한 피드백의 부재가 성과 부진의 가장 큰 원인이었다고 밝힌 조사도 있다. 잦은 피드백은 잔소리가 되고, 거꾸로 팀원의 창의성을 죽일 수도 있다. 그러나 현장에선 경쟁사와 치열하게 교전 중이다. 교전 중에는 리더와 팀원이 눈치만 봐도 통할 수 있어야 한다(기대치의 일치match of expectations).

평가만 가지고 피드백이라고 생각하는 리더도 많다. 피드백은 평가를 포함해서 업무를 지시할 때부터 업무를 수행하는 과정 전체에서 고성과를 내기 위한 일련의 코칭 활동이다. 회사에 출근하는 이유는 성과를 내기 위함이다. 성과관리 및 성과급 체계로 급여 시스템을 구축하는 이유도 그냥 성과가 아닌 고성과를 창출하기 위함이다.

모든 결과가 완전하게 나오고 난 뒤 평가를 하는 것은 버스가 지나간 다음에 손을 흔드는 것과 같다. 성과가 날 만한 모든 과정에서 팀원들이 역량을 제대로 발휘할 수 있게 즉각 피드백을 주어야 한다. 업무 지시를 할 때부터 피드백은 시작이다. 직원들은 리더가 정확하고 자세한 지시를 해주길 원한다. 그러나 업무를 지시할 때 리더 본인도 잘 모르거나, 시간에 쫓겨서 제대로 설명하지 못하는 경우도 있다. 이때 리더와 팀원 간에 기대의 불일치가 발생한다.

리더는 지시를 했으니 "이 정도는 해오겠지"라고 생각하고, 팀원은 지시를 받고 "저 정도 해오라는 거구나"라며 일을 시작한다. 그리고 결과를 보고 난 뒤에야 리더는 리더대로 팀원은 팀원대로 서로 깜짝 놀란다. 리더가 업무 결과를 보고 “이게 뭐야” 하는 순간, 팀원이 쏟아부은 그간의 노력과 시간들은 모두 물거품이 된다. 그게 끝이 아니다. 팀 전체 성과는 떨어지고, 팀원은 동기가 저하되고, 리더 본인에 대한 좋지 않은 평가가 나오는 것은 물론 본인도 그 팀원을 낮게 평가하게 된다. 그 사이 회삿돈은 술술 새어 나간다.

팀장과 팀원의 업무 완성도에 대한 기대치가 다른 것이 당연하다. 피드백은 기대치의 일치를 위한 튜닝tuning 작업이고, 피팅fitting 작업이다.

태권도 4단은 1단, 2단, 3단과 다르다. 4단부터는 사범이 될 수 있다. 도장을 차릴 수 있다는 말이다. 4단과 같은 리더는 지시부터 평가까지 전 과정을 피드백한다. 2~3단과 같은 리더는 지시 때는 놓치고 업무 과정에서 결과까지만 피드백을 준다. 1단과 같은 리더는 결과만 보고 피드백을 준다.

그렇다면 나는 1, 2, 3단의 리더인가? 4단의 리더인가?

모든 결과가 완전하게
나오고 난 뒤 평가를 하는 것은 버스가
지나간 다음에 손을 흔드는 것과 같다.
성과가 날 만한 모든 과정에서 팀원들이
역량을 제대로 발휘할 수 있게 즉각
피드백을 주어야 한다.

피드백은 그때그때, 리얼타임으로

직원들이 의아하게 여기는 인사 발령이 있다. 그중 하나가 피드백을 주지 않거나 피드백 주기를 피하는 사람, 즉 책임을 회피하는 사람을 왜 이렇게 중요한 자리에 앉혔는지 의문이 드는 경우다.

내 머릿속에는 피드백 하면 주임급 임원 한 분이 떠오른다. 지금도 그분을 생각하면 어떻게 임원까지 됐는지 궁금증이 안 풀린다. 그때는 기안지가 여행을 다니듯 여러 사람의 손을 거쳐 돌아다니던 시절이었다. 급할 것이 하나도 없는 시대였다. 급한 사람은 기안자인 나밖에 없었다. 결재가 내려오지 않으면 그 결재판이 어느 임원의 자리에서 잠자고 있는지 추적해야 했다. 결재란에 최대 20개까지 도장이 찍히는 시절이었다. (80~90년대 당시에는 회사마다 조금 다르지만 사원-주임-대리-과장-차장-부장 등 임원 포함 13~15개의 직위 단계가 존재했다.) 지금 생각하면 정말 쓸데없는 짓인데 그때는 그러했다.

도장 찍는 분은 많았지만 진정한 결재자decision maker가 아주 드물었다. 왜 중간에 도장을 찍었는지 지금도 모르겠다. 아마 정보를 공유하기 위함이 아니었나 추측한다. 도장만 수없이 찍히고 아무런 코멘트 없이 결재판이 내 손으로 돌아온 것이 98%였다. 나머지 2%도 기안 방향이 틀렸다는 내용이 아니고, 오탈자 정도를 잡아낸 자구 수정뿐이었다. 자구 수정은 그 주임급 임원이 전담이었다.

어떻게 그렇게 오탈자를 잘 찾아냈는지 모르겠다. 그거 잘해서 임원이 된 분은 아닐 텐데. 중간에 아무도 코멘트를 해주지 않은 덕분에 내 마음대로 기안하고 실행한 것은 사실이다. 100% 책임은 내게 있으니까. 그런데 주니어가 단독으로 작성한 기안이 얼마나 심도 있고 회사에 공헌도가 높았겠는가? 안 봐도 비디오다. 좀 건방진 얘기지만 회사 내에 나의 성장에 대해 관심이 있는 분이 거의 없었다. 스스로 동기부여를 하는 방법을 터득한 때가 그 시기였다.

지금도 피드백이 부족한 것은 마찬가지다. 나는 리더들에게 피드백을 실시간으로 하라고 주문한다. 관련 소프트웨어도 많이 발전해 실시간 성과관리real time performance management 프로그램이 많이 나왔다. 이것을 이용하면 업무 지시부터 업무 과정과 업무 평가 등 일련의 과정에서 피드백을 서로 주고받을 수 있다. 평가도 카카오톡 메신저에서의 대화처럼 디지털 흔적들만 봐도 고과자와 피고과자가 서로 놀라지 않는 공정한 평가가 비로소 가능하다.

그래도 우리 리더들은 피드백을 낯설어한다. 거북해한다. 괜히 피드백을 주면 갈등의 원인이 된다고 생각해서다.

직원들은 어떤가? 리더가 나중에 딴소리하지 않기를 바란다. 명확한 업무 지시를 주고 일을 하는 중이든 일이 끝나고 나서든 리더의 피드백을 받기 원한다. 리더의 피드백이 없으면 그 직원은 업무 완성 기준이 없는 것이고, 그렇기에 발전이 없다. 가장 기초적인 인정 욕구도 충족시키지 못한다. 일할 맛이 안 난다는 말이다.

리더가 되고도 왜 피드백을 주지 못할까? 이유를 대략

세 가지로 정리해보았다.

> 첫째, 그 업무에 대해 직원보다 잘 알지 못하기 때문이다.
>
> 둘째, 오로지 윗분에게만 관심이 있고, 팀원은 일만 주고받는 거래관계라고 생각하기 때문이다.
>
> 셋째, 팀원의 일이 내 일이 아니라고 판단하기 때문이다.

이 세 요인 중 2개 이상에 해당된다면 최악이다. 리더가 바로바로 피드백을 주면 직원들이 딴짓을 못 한다. 그것을 우아하게 표현한 말이 '업무 몰입job involvement, engagement'이다.

기안이나 보고가 끝나면 리더의 피드백이 올 때까지 직원들은 잠시 멈춤 모드에 진입한다. 피드백이 더 늦어지면 휴식 모드로 전환된다. 이렇게 되면 직원들은 리더의 피드백이 늦거나 없어서 일이 더디다고 느낀다. 차라리 진짜 휴식이라도 되면 좋은데 '왜 피드백이 늦지? 뭐가 잘못됐나?' 등 꼬리를 무는 질문에 직원들의 머릿속은 더 복잡해진다. 늦어지면 늦어질수록 진이 빠진다.

리더는 리더대로 쌓인 업무 때문에 피드백이 늦어진다

고 핑계를 댄다. 직원들의 업무 몰입도가 낮아질 수밖에 없다. 농구에서 패스하지 않고 볼을 가지고 있다가 오버타임에 걸리는 경우와 같다. 최악의 경우는 '일이 많은데 사람이 부족하다'고 결론짓는 것이다. 사람을 뽑아달라고 회사에 징징거린다. 농구의 상대편은 5명인데 패스하는 시기를 놓치고 선수 1명을 더 채워달라는 격이다. 회사만 골병이 든다. 리더의 리얼타임 피드백이 핵심 키다.

아마 일부러 늑장을 부리면서 일을 하는 직원이나 피드백을 늦게 주는 리더는 없을 것이다. 나는 느릿느릿한 리더, 피드백이 전혀 없는 리더들과 같이 근무를 해봤다. 즉각 피드백을 주는 보스와도 근무해봤다. 즉각 피드백을 주는 보스와 있을 때 엄청난 양의 일을 경험했고, 내 직무 역량은 한 단계 더 도약했다.

리더의 피드백 속도가 느리면 저절로 직렬식 업무방식이 되는 것이고 리더의 피드백 속도가 빨라지면 저절로 병렬식 업무방식이 된다. 나는 이제까지 직렬식 업무방식으로도 좋은 회사, 훌륭한 회사를 유지하는 경우를 본 적이 없다. 앞으로는 더욱 그럴 것이다.

즉각 즉각 피드백을 주면 직원들이 딴짓을 할 겨를이 없다. 직원들의 업무몰입도를 구성하는 요인을 다 설명할 수는 없지만, 리더의 리얼타임 피드백이 몰입도 상승의 한 요인이라는 것은 확실하다.

이런 피드백은 리더 중에 어떤 리더가 유능한지를 확실하게 선 그어주며, 병렬식 업무방식으로 가는 길목이 된다. 회사에서 여러 가지 업무를 동시다발적으로 수행해야 한다고 떠들 필요가 없다.

나는 즉각 즉각 피드백을 주는 리더인가? 아닌가?

성과가 먼저고 평가는 다음이다

상대평가도 안 된다, 절대평가도 부족하다면 무슨 다른 해결책이 있나? 아니면, 평가 없이 기업을 운영할 수는 없나? 이게 늘 화두다.

학창 시절에도 늘 평가가 중심이었고, 군대에서도 장교들이 평가에 매달리는 것을 봤는데, 기업에 오니 여기서도 평가, 평가, 평가다. 어떤 경영 컨설턴트는 "리더는 엘리베이터에서 만나는 직원도 평가해야 한다"고 했다. 한 번도 '평가'에서 벗어난 적이 없다. 평가 제도가 없다고 알려진 회사도 알고 보면 더 실질적이고 암묵적인 강력한 평가가 존재한다.

이런 말이 있다. "평가가 없으면 발전이 없다." 만약 이것이 수긍이 안 된다면 평가라는 말을 '기준'으로 바꿔보자. 도요타 생산방식의 창시자로 알려진 오노 다이치 역시 "기준이 없으면 발전할 수 없다"고 말했다. 이를 역으로 해석해 보면, 일을 했는데 잘했는지 못했는지 모른다는 것은 기준 없이 일을 했다는 것이다.

제품이 잘 만들어졌는지 여부는 고객의 순간의 선택(평가)에 달려 있다. 설령 회사 내에서 평가를 하지 않는다고 해도 직원들은 평가에서 자유로울 수가 없다.

흔히 조직발전이라고 하면 조직을 어떻게 바꿔야 경쟁력을 확보할 수 있는지 등을 생각하는 분들이 많다. 틀린 말은 아니다. 다만, 나는 조직발전이란 업무 달성 기준이 높아지는 것이라고 정의한다. 조직 내에서 업무 완성도를 따지는 수준이 높아지면 자연히 조직이 발전한다. 평가를 다른 말로 하면 '수준'이다.

리더는 성과평가의 이유를 심도 있게 들여다봐야 한다. 조직에서 성과평가 시스템을 운영할 때 '성과'에 방점을 찍는 것이 아니라 '평가'에 방점을 찍는 경우가 허다하다. 리더는 마치 평가권을 완장처럼 차고 동네를 휘젓고 다닌다.

조직은 지속 성장을 목표로 하고 있다. 성과평가 제도를 통해 성과를 올리자는 얘기지, 평가 자체가 주인공이 되어서는 안 된다. 평가는 성과를 위한 부속물이다.

칭기즈칸이 정벌을 나가기 전에 공헌도에 따라 차등을 두어 노획물을 나누겠다는 룰을 공표하고 정벌 후 노획물을 그 룰대로 나눈 것을 생각해보자. 뭔가를 나누기 위해서는 먼저 나가 싸우고 뭔가를 획득해야 하는 것이다. 정벌도 못했는데 나눔을 실현하기는 불가능하다.

성과관리의 진정한 목표

연말이면 리더들은 긴장한다. 본인도 평가를 받고 팀원들 평가도 해야 하기 때문이다. 어쨌든 12월 말, 이듬해 1월 초면 평가 결과가 나온다. 공정한 평가를 위해 애쓰지 않는 회사는 없다. 공정한 평가를 위해 애쓰지 않는 고과자도 없다. 그런데 피평가자들로부터 올해 평가가 잘됐다는 소리를 들은 적이 없다.

왜 그럴까? 불만을 줄이기 위해 이런 가정을 해본다.

1) 성과관리 시스템이 잘 갖춰지면 평가의 불만이 줄어들까?

2) 목표 설정이 잘 되면 평가의 불만이 줄어들까?

3) 피드백을 주기적으로 주면 평가의 불만이 줄어들까?

4) 평가 면담을 잘하면 평가에 대한 불만이 줄어들까?

하지만 자세히 들여다보자. 먼저, 성과관리 시스템이 잘 갖춰지면 평가의 불만이 줄어든다는 가정이다. 대부분 회사의 성과관리 시스템은 평준화되어 있다. 여러 명의 평가자가 있어 보다 객관적이며, 이의제기도 가능하게끔 시스템이 만들어져 있다. 그렇기에 이 부분을 보완한다고 평가의 불만이 줄어들 가능성은 낮다.

두 번째로, 목표 설정이 잘 되면 평가의 불만이 줄어들까? SMART 목표 설정 원칙에 의거해 잘 만들어진 목표는 계약이고 합의다. 처음에 목표를 설정할 때는 결과를 예측하기 어렵기 때문에 아주 부담스러운 목표를 요구하는 게 아니라면 대부분 합의한다. 그리고 본인이 먼저 목표를 설정하고, 고과자가 승인하는 형태이기에 평가 결과에 대한 불만과는 다소 거리가 있다. 오히려 시장이 계속 요동치고 변하기에 연초에 세운 목표를 연말까지 고집하는 것보다는 중간중간 업데이트하는 것이 불만을 줄이는 데 일조하는 방법이다.

세 번째로, 피드백을 주기적으로 주면 어떨까? 팀원이 목표 설정한 것을 수행할 때, 관리자가 피드백을 줘서 반영하는 과정은 필요하다. 이 과정 없이 연말에 평가를 하면 불만일 수밖에 없다. 아무리 목표 설정을 잘했다 하더라도 달성 수준에 대한 기대치가 서로 다르기 때문이다. 피드백을 주고받아야 평가 결과를 수용할 가능성이 높아진다. 만약 피드백이 제때에 제공되지 않았다면 평가 결과에 대해 서로 놀란다.

마지막으로, 평가 면담을 잘하면 평가에 대한 불만이 줄어들까? 마지막 평가 면담을 하고 나면 서로 씩씩대고 면담이 끝나는 경우가 많다. 매일 같이 일해야 하는 팀원들인데 '꼴 보기 싫은 사이'가 된다. 이런 팀에서 어떤 시너지를 기대할 수 있을까? 혹시 리더들의 면담 스킬이 부족해서 이런 경우가 생기지 않나 하고 연말쯤 '평가 면담 스킬 과정'을 신설하여 교육하는 회사가 많다. 성과관리 관련 책을 쓴 저자들이 이때 강의 요청을 가장 많이 받는다고 한다. 그러나 이것은 이미 목적지에 내린 후 떠난 버스를 향해 손을 흔드는 격이다.

평가 면담을 잘하면 평가에 대한 불만이 줄어든다? 어림도 없는 얘기다.

개인적으로 나는 3번을 지지한다. 회사가 거창한 성과 관리 시스템을 만들고, 이에 따른 모든 인사 시스템(승진, 승급, 급여 인상, 보직, 상여금 지급, 핵심 인재 선발 등)을 연결하는 것은 '평가'를 위한 것이 아니고 '성과목표를 달성'하기 위한 것이다. 따라서 리더는 즉시 피드백을 줘야 한다. 이제는 업무 수행 히스토리 관리가 가능한 프로그램이 대세다. KPI가 수행될 때 하나하나 주고받은 피드백의 히스토리가 관리된다면, 연말 평가라고 해도 놀랄 일이 없다.

리더가 목표 설정에 관여하는 것도, 마지막 면담도 중요하지만, 우선 고려해야 할 것은 성과목표 달성이다.

그 팀원을 평가하는 것이 목표가 아니라,

그 팀원이 성과목표를 잘 달성할 수 있게 돕는 것이 리더의 역할이다.

평가의 목표는 놀라지 않는 것이다.

서로 놀라지 않는 연말연시가 되었으면 한다.

리더가 목표 설정에
관여하는 것도, 마지막 면담도
중요하지만, 우선 고려해야 할 것은
성과목표 달성이다. 그 팀원을 평가하는
것이 목표가 아니라, 그 팀원이
성과목표를 잘 달성할 수 있게
돕는 것이 리더의 역할이다.

리더는 수다스러워야 한다

"저 사람 좀 수다스럽다"는 말에는 다소 부정적인 의미가 함축되어 있다. 더군다나 리더가 수다스럽다고 하면 더욱 부정적으로 받아들여진다. 심지어 사람이 너무 가볍다는 평까지 듣게 된다. 그러나 나는 거꾸로 리더는 수다스러워야 한다고 생각한다. 업무에 관해서라면 더욱 그렇다.

단순 업무라면 수다스럽지 않아도 괜찮다. 하지만 이제 단순 업무는 없다. 할 일이 많은데 그 할 일은 복잡하고 거기에 많은 직원이 관련되어 있다. 업무 시작 전부터 중간, 완료 지점까지, 전 과정에서 리더는 수다스러울 정도로 떠들어야 한다. 특히 이 업무를 왜 해야 하는지에 수다를 50% 이상 쓰기를 권장한다.

또 업무가 진행되는 중간에도 무엇을 참조할 수 있는지, 어떤 부서나 직원의 도움을 받아야 하는지, 업무가 완료되었을 때의 청사진에 대해서도 담당자와 끊임없이 수다를 떨어야 한다. 팀원이 저성과자나 신입이면 더욱더 그렇다. 그래야 팀이 전혀 다른 방향으로 나가는 일이 없을 것이다. 업무 완성도는 그 수다의 양만큼 높아질 것이다.

리더는 김 대리가 결과물을 '별 모양'으로 만들어 올 거라고 기대하고 일을 지시했지만, 김 대리는 결과물을 '원'으로 만들어오는 경우가 허다하다. 리더가 하는 제일 큰 착각은 팀원들이 내 생각처럼 움직일 거라고 믿는 것이다. 어림도 없다.

업무 말고 업무 외적으로도 리더는 수다스러워야 한다. 매일 만나는 친구하고는 3~4시간을 떠들어도 화제가 끊이지 않는다. 그다음 날도 또 만나 수다를 떤다. 그런데 고교 시절 죽고 못 살던 친구를 오랜만에 보면 처음은 반가워 이것저것 묻지만, 3분이면 대화 종료다. 금방 데면데면해지고, 분위기가 어색해진다. 두 사람 사이에 있는 커뮤니케이션 바스켓이 1리터든 2리터든 일정량의 수다가 차 있어야 대화가 가능하다. 하지만 몇 년 만에 만난 친구하고는 수다의 양이 바닥이다. 공동의 화제가 하나도 존재하지 않으니 그 모양이다. 커뮤니케이션 교집합은 '0'에 가깝다. 매일 만나 수다 떠는 친구와는 화젯거리가 풍성하다. 커뮤니케이션 교집합이 '1'에 가깝다. 척하면 알아듣는다.

일방적으로 하나는 듣고 나머지 하나는 수다를 떤다면 그 관계는 오래가지 못한다. 정보, 의견, 가십, 소문 등 어떤 주제든 서로의 말이 왔다 갔다 할 때 관계가 유지될 수 있다.

회사에서도 마찬가지다. 척하면 서로 알아듣는 팀이 되어야 시너지가 나온다. 가장 친해야 하는 팀원끼리 서로 말하기 힘든 상대라면 시너지를 낼 수 있을까? 사적인 것을 일절 배제하고 최고의 협업이 가능할까? 서로의 성격은 물론 장단점조차도 모르는 팀장과 팀원 간에 원활한 커뮤니케이션이 가능할까?

하루 중 가장 중요한 시간에 만나 같은 목표를 가지고 일하는 사람들이 팀원이다. 어떻게 가위로 오려내듯 공적인 면만 밝히며 직장생활을 할 수 있을까? 커뮤니케이션의 교집합 부분 중 사적인 부분과 공적인 부분이 0.3:0.7이라고 할 때, 공적인 면만 공유하면 그냥 0.7이고 일 때문에 만난 사이가 된다. 그러면 회사를 떠나면 끝이다. 그렇게 생활하면 일종의 선이 그어진다. 서로 넘지 못할 선. 일도 딱 거기까지다.

두 사람 사이를 이어주는 것은 끊임없는 수다다.

수다의 양을 늘려야 한다. 그리고 거기에는 사적인 수다가 꼭 필요하다. 사적인 수다는 감정적 인연을 만들어주는 끈이기 때문이다. 그리고 그 수다는 일정량 이상 유지되어야 한다.

누가 먼저 말을 걸어야 할까? 팀장이 먼저 손을 내밀어야 한다. 리더가 먼저 본인의 정체를 밝혀야 한다. 리더가 되면 예수와 석가도 그랬듯이 같이 많이 떠든 제자(팀원)가 있고 그렇지 않은 제자(팀원)도 있을 수 있다. 그래도 모두가 팀 목표를 같이 달성해야 하는 팀원들이다. 수다에서 배제되는 팀원은 없어야 한다.

팀원이 10명 있다면 커뮤니케이션 바스켓을 10개 마련해보자. 어떤 팀원의 바스켓은 넘치지만 어떤 팀원의 바스켓은 밑바닥일 수가 있다. 개개인 팀원들의 바스켓에 의도적으로 최소 기준 이상의 수다를 채워보자. 이 기회에 어떤 팀원과의 수다가 부족했는지를 파악해보자. 요는 척하면 알아듣고 행동할 수 있는 팀원과 팀장 사이가 되어야 한다는 것이다. 이는 선택 사항이 아니고 필수 사항이다.

수다를 떤다는 것은 척하면 알아듣는 관계로 만드는 방법 중 하나다.

생산성은
수다의 양이 결정한다

꼰대들의 얘기다.

지금은 어느 정도 효과가 있는지 잘 모르겠지만, 과거에는 술과 담배를 해야 '사회적 인간'이 된다는 인식이 있었다. 사람을 사귀려면 술, 담배는 해야 한다는 말을 귀에 못이 박히도록 듣고 자랐다. 학창 시절 때도 그랬고, 군 시절 때도 그랬고, 직장에서도 그랬다. 술은 좋아하지만 담배를 아직 배우지 않은 것이 내가 생각해도 신기하다.

서울지방노동위원회 위원으로 활동하고 있어서 가끔 심판회의가 있어 참석하는데, 한번은 이런 경우가 있었다.

보통 출석하면 해고 등 네 건의 사건을 결정(판결)한다. 그날도 심의가 끝났다. 끝나면 담당 조사관들의 입회하에 심의에 대한 의견을 주는데, 의장이 특정 건에 대해 "아까 논의한 대로 결정하겠습니다"라고 말하는 것이다. 난 처음 듣는 소리였다. "특정 건에 대해 아까 논의하셨다는 것이 무엇인가요?" 하고 묻자, "아! 백 위원님은 담배를 안 피우시는군요, 어이쿠 죄송합니다"라는 말이 돌아온다. 요약하면 나 빼고 네 사람이 모두 쉬는 시간에 담배를 피우면서 논의를 끝낸 것이었다. 그때 '아하, 일이 이렇게 진행될 수도 있겠다'란 생각을 했다.

왜 과거에 어른들이 사람을 사귀려면 술, 담배는 기본이라는 말을 했을까? 사람을 사귀려면 대화를 많이 나누어야 한다는 뜻이다. 술을 같이 마시게 되면 얼마나 많은 대화가 오가는가? 같이 담배를 피우면서 떠들면 동지 의식까지 생긴다. 고스톱을 치면 몇 시간을 같이 떠들면서 그 사람의 진면목까지 알게 된다는 말도 있다. 어쨌든 상대방을 알려면 대화라는 채널을 통해야 한다.

그 채널은 말과 글이다. 두 사람이 각기 다른 원을 그리다가 말과 글을 통해 교집합이 생긴다. 교집합의 크기가 친한 친구, 그냥 친구, 먼 친구를 구분한다. 사회적 관계를 맺을 수 있는 사람의 수인 던바의 숫자Dunbar's number도 이렇게 만들어진다.

같이 일하는 사람들끼리 잘 모르면 협력이 될까? 통상적으로 말하는 사무적 관계만 형성될 것이다. 재택근무로 운영될 수밖에 없었던 3년간의 팬데믹 기간은 사무적 관계의 연속이었다. 회의실에서 화이트보드에 무언가를 쓰고 격론을 하면서 아이디어에 아이디어를 얹어가며 부가가치를 높이던 것이 아주 먼 과거처럼 느껴졌다. 코로나 기간 후 몇 년이 흐른 지금, 그 기간에 우리 회사도 약 35~40% 정도의 직원들이 나가고 들어왔다. 더 사무적인 관계가 되면 됐지, 친밀도 높은 직원 관계를 기대하기 어렵다.

사무적 관계인 직원들 간의 협업과 서로 "그분 잘 알아, 대화 많이 해봤어"라고 말할 수 있는 관계인 직원들 간의 협업을 비교하면, 생산성은 어느 쪽이 높을까? 측정 안 해봐도 생산성은 후자가 월등할 것이다. 왜? 사무적 관계라면 자기가 가진 정보나 아이디어를 선뜻 나누기 어렵고, 친근한 관계인 라포rapport가 형성되는 시간도 필요하기 때문이다.

더불어, 왜 잘나가는 회사에서 코로나 기간이 끝나기가 무섭게 재택근무를 멈췄는지 그 이유를 생각해보면 알 수 있다. 재택근무를 시행했던 IBM을 비롯한 거의 모든 회사가 다시 사무실 출근을 시작했다. 대퇴사, 조용한 퇴사 운운하면서도 그런 조치를 내린 이유가 뭘까? 야후 전 최고경영자 머리사 메이어는 "최고의 의사결정이나 혁신은 때로는 회사 복도나 식당에서 나올 수도 있다. 이것이 우리가 모두 사무실에 나와서 일을 해야 하는 이유"라고 전 직원에게 이메일을 보냈다고 한다.

10명이 총 10개의 결과물만 만들 수 있다면, 출퇴근도 힘든데 뭐 하러 회사에 나오는가? 시너지를 내 100개, 1,000개를 만들기 위함이다. 시너지는 사무적 관계가 아닌, 친밀한 관계에서 만들어진다.

과거에는 그 통로가 술이나 담배였다면, 요즈음은 다르다. 회사 내 친구를 어떻게 만들고 있을까? 술, 담배, 커피 등으로 시작이 될 수는 있지만, 사람을 이어주는 것은 그 저변에 깔려 있는 '일정한 수다의 양'이다.

세대가 바뀌면서 술자리로 대변되던 직장 문화도 빠르게 바뀌고 있다. 술 마시는 직원이 적어진 것 같고 마셔도 적은 양만 마신다. 속에 있는 말까지 뱉기 전에 그 술자리가 파장이 된다. 그럼 신세대들은 어떤 방법으로 사람을 사귈까? 직원들 간의 친밀도를 높이는 대표적인 방법을 세 가지 소개한다.

1) 워터쿨러watercooler **장소를 제공한다.**

워터쿨러 효과란 사무실 한편에 음료수를 마실 수 있는 공간(워터쿨러)이 있으면, 직원들이 잡담을 하면서 사내 의사소통이 활발해진다는 이론이다. 사실 말이 제공이지 이미 회사에는 이런 잡담이 진행되고 있는 장소가 있을 것이다.

커피머신, 정수기 주변, 흡연 장소 등에서 나누는 수다가 자연스러운 대화다. 서울지방노동위원회의 워터쿨러는 흡연 장소였다. 많은 기업에서 공짜 간식과 다양한 메뉴를 제공하는 식당이나 휴게시설 등을 마련해 직원들이 최대한 사무실에 오래 머무르면서 소통하도록 한 것도 워터쿨러 효과를 노린 것이다.

2) 개인용 의자 두 개를 지급한다.

배달의민족을 운영하는 우아한형제들은 아예 신입이 들어오면 의자를 2개 준다고 한다. 옆에 누가 오면 바로 협의자를 앉혀 같이 떠들라는 것이다. 대부분 손님은 서서 얘기하고 주인은 자리에 앉아 떠드는 것과 자못 다르다. 사무실 여기저기서 수군대면 분위기가 안 좋다고 생각하는가? 그래서 그들은 사무실에 카페에서 들려주는 데시벨 정도의 음악을 틀어놓는다. 카페 같은 사무실에서 아무 부담 없이 서로 수다를 주고받으라는 뜻이다.

3) 억지로라도 팀 학습 조직화를 시작한다.

한참 전이지만 주 1회 무조건 HR 학습 미팅을 가진 적이 있다. 주제는 발표자가 정하고 돌아가면서 발표를 했다. 처음 발표자는 "저요" 하고 손 든 직원을 시켰다. 시니어였던 김 차장이 선택한 주제는 "어떻게 하면 머리숱이 덜 빠질까?"였다. 그 발표로 그의 관심사도 알게 됐고 나도 머리를 감을 때마다 그가 알려준 순서대로 했다.

이렇게 시작한 모임이 십수 년이 지나자, 가장 친한 회사 친구들의 모임이 되었다. 적은 인원이었지만, 수차례 합병 등의 복잡하고 어려운 HR 업무를 너 나 할 것 없이 달려들어 함께 해결했다. 그것이 가능했던 것은 친밀한 회사 친구들 덕분이었다. 그래서 개인적으로 직원들을 알아가는 가장 좋은 방법이 이것이라고 판단한다. 여러모로 남는 장사다.

아마 위 세 가지 외에도 직원 간에 친밀도를 높이는 방법은 많을 것이다. 친밀도 높은 직원들이 많으면 많을수록 그 회사는 탄탄해진다.

지금도 회사 어느 구석에는 워터쿨러가 있다.
거기를 좀 더 안락하게 꾸며주면 어떨까?

사람별로 다른 주파수를 맞춰라

말 안 해도 알아서 척척 일하는 팀원이 있으면 얼마나 좋을까?

말을 해도 못 알아듣는데 말 안 하면 더 모른다.

복잡하고 어려운 업무일수록 리더는 말을 많이 할 수밖에 없다. 이 업무가 끝나면 '이런 모습'이 나와야 한다고 팀원과 기대치를 일치시켜야 하기 때문이다. 리더들은 갑갑한 직원도 만나고 말귀를 잘 알아듣는 직원도 만난다. 우리말이 재미있다. '말'과 '귀'를 합쳤으니 얼마나 명확한가? 리더가 '말잘직(말귀를 잘 알아듣는 직원)'을 만났다면 큰 복이다.

리더의 가장 큰 적은 아무리 얘기해도 '말못직(말귀를 못 알아듣는 직원)'이다.

말이 잘 통한다는 것은 무엇인가? 말하는 사람과 듣는 사람의 '주파수'가 잘 맞았다는 것이다. 라디오는 채널 선택 주파수를 소수점 한 자리까지 잘 맞춰야 깨끗하게 들린다. 주파수가 조금이라도 틀리면 '찌이익'하는 소리가 나 듣기 어렵고 짜증이 난다. 말귀를 잘 알아듣는 직원은 리더의 주파수에 잘 맞춘다. 말귀가 어두운 직원은 A 방송 주파수를 맞춰야 하는데 채널 자체가 다른 B 방송 주파수로 맞춘다.

그런데 라디오는 일방적인 매체다. 쌍방향이 아니다. 라디오형 리더가 있으면 팀원은 두 개 그룹으로 나뉜다. 말귀를 잘 알아듣는 팀원 그룹과 그렇지 못한 팀원 그룹이다. 말귀를 못 알아듣는 직원은 리더의 말이 끝나면 나름대로 재해석을 해야 한다. 라디오처럼 리더가 일방적으로 채널을 개설하고 "내 주파수는 95.7MHz니까 너희가 맞춰"라고 하면, 잘못된 지시와 수행이 반복된다. 그리고 서로 원망한다. 갈등이 만들어지고 증폭된다. 지시를 나름대로 재해석하거나 못 알아듣고 일을 해서 평가도 좋지 않다. 이러면 팀 전체의 생산성이 오를 리 없다.

한 팀에 팀장과 팀원 9명이 있다면, 팀 내 존재하는 주파수의 수는 팀장의 주파수 1개가 아니라, 각각 다른 주파수 10개다. 리더의 주파수 하나만 존재한다고 생각하는 데서부터 왜곡이 시작된다.

리더는 다수를 모아놓고 10개의 메시지를 빠짐없이 전달했다고 생각한다. 그러나 듣는 직원들은 10개를 다 들은 사람부터 0개를 들은 사람까지, 천차만별이다.

커뮤니케이션을 잘하는 리더는 팀원의 수만큼 주파수가 있다고 생각하고 접근한다. 커뮤니케이션의 기본은 1 대 1이다. '1 대 다수'보다 '1 대 1' 대화가 효과적이다. 1 대 다수는 쌍방향 커뮤니케이션이 어렵다. 그럼 10개의 주파수를 맞추는 방법은 무엇인가? 팀원 각자에 대한 이해를 높이는 수밖에 없다.

팀원들의 근속, 태도, 경험, 역량, 누적된 성과, 그리고 MBTI, 에니어그램, DISC, PI 등의 많은 자료를 참고 및 조사하고, 인터뷰를 하면서 주파수는 맞춰진다. 상황적 리더십situational leadership이란 팀원들 각 개인에게 맞춰서 일을 도모하는 것이다. 그렇다면 스스로 질문해보자.

나는 몇 개의 주파수를 맞추고 있나?

최고의 복지는 말을 들어주는 것

매일 1만 보 이상 걸어야 잠을 잔다. 손목시계에 찍힌 걸음 수를 보고 일일정산을 한다. 참 편한 세상이다. 손목시계가 매일매일 그래프를 보여주고, 앉아 있으면 일어나라고 독려도 한다.

어제저녁 동네 둑방 길을 걷다가 팔순이 넘은 부부의 싸움을 목격했다. 할아버지가 지팡이를 내던지면서 "내 말을 왜 안 들어 이놈의 여편네야!!!" 동네가 떠나갈 듯 소리치는데, 할머니는 그러거나 말거나 "왜 나한테 한마디도 없이 갖다줘! 이 영감탱이야!!!" 하고 소리친다. 약 400m 되는 둑방 저 끝에 가서도 두 분의 싸움 소리가 들렸다. 한 치의 양보도 없다. 똑같은 말의 연속이었다. 30분 정도 있으니 조용해졌다. 댁으로 가셔서 조용해졌나 생각했는데, 둑방 끝으로 가니 건너편 공원에서 싸움이 계속되고 있었다. 두 분이 서로에게 하는 말을 요약하면 "제발 그 입 닥치고 내 말 들어"였다.

업무상 많은 사람을 접하게 된다. 오래도록 연락이 닿은 분도 많다. 그런데 늘 주위 분들에게 조금 차갑다는 피드백을 받던 나였다. 그런 내게 다른 사람과의 관계에 대해 눈을 뜨게 만들어준 스승이 있다. 바로《성공하는 사람들의 7가지 습관》을 쓴 스티븐 코비다.

2000년도에 책과 강의로 스티븐 코비를 만났는데 그를 만난 건 행운이었다. '성공하는 사람들의 7가지 습관'으로 강사 자격을 따고 10여 년 동안 100번이 넘는 강의를 하니, 내 몸에 이 7가지 습관이 배어들었다. 강의를 할 때 가장 큰 수혜자는 사실 강의를 하는 사람이다.

코비의 7가지 습관 중 1, 2, 3, 7번은 개인과 관련된 습관이다(물론 습관 7번에는 사회적 건강social health이 포함되어 있다). 대인관계를 위한 습관은 4, 5, 6번이다. 그런데 습관 4번 '윈

윈Win-Win을 생각하라'는 '생각 습관'이고, 습관 6번 '시너지를 내라'는 4번의 생각 습관과 5번의 행동 습관이 잘 되면 관계가 좋아져서 결과적으로 시너지가 생긴다는 것이다. 하나는 그냥 '생각'이고 또 하나는 '결과'라 상대방이 직접적으로 느끼는 것은 나머지 하나인 5번, 즉 나의 행동 습관인 '경청'밖에 없다. 참 쉽다. 그런데 실제로는 참 어렵다. 이것 때문에 개인 간 갈등, 조직 내 갈등이 심심치 않게 일어난다.

결론은 다른 사람과 좋은 관계를 맺으려면 경청하는 습관이 필요하다는 것이다. 코비의 표현으로 하자면, "먼저 이해하고 다음에 이해시켜라"다. 반대로 대인관계가 나빠지는 지름길은 혼자 떠들고 상대방의 말은 듣지 않는 것이다.

머리가 좋든 나쁘든, 아이든 어른이든, 남자든 여자든, 어떤 사람도 상대방이 듣는 척만 한다면 동물적 감각으로 그것을 알아차릴 수 있다. 영혼 없이 끄떡이는 동감의 표시를 용케 알아본다. 요즘에는 '자본주의 리액션'이라는 말도 있다. 직장 상사가 떠들면 속으로는 공감하지 않는데도 겉으로는 '좋아요'라는 표시를 격하게 하는 것을 말한다. 이런 것들도 대인관계를 악화시킨다.

7가지 습관 한국판 교육에서는 충고, 탐색, 해석, 판단하지 말라는 내용도 포함되어 있다. 리더는 항상 팀원들에게나 가족들에게 리더로서 조언을 해줘야 한다는 일종의 강박이 있다. 팀원들이나 가족이 말할 때 머리는 끄떡이면서도 속으로는 충고할 거리를 찾고, 상대의 말 중간중간에 "그게 왜 그렇게 됐어, 누가 그랬어"라며 탐색하고, 자기 멋대로 해석하고 "너도 이것은 잘못했네"라며 판단한다. 그러나 이렇게 하면 만나는 사람마다 등을 돌리게 된다. 전달 내용은 이성적이지만 전달받는 사람은 감성적으로 받아들이기 때문이다.

듣는 것이 우선이다.
듣는 것도 훈련이다.

팀원이 10명인 리더는 팀원보다 10배 많이 들어야 한다. 지식이나 지혜는 말로 새어 나가고 귀로 들어오기 때문이다. 팀원들의 말을 잘 들어주는 것이 회사의 최대 '복지제도'다. 이래서 아무나 감당할 수 없는 자리가 리더의 자리다. 그만큼 듣는 것이 말하는 것보다 어렵다는 뜻이다.

아무도 나에게
말을 걸지 않는 이유

사람과 사람 사이에는 교집합이 있다. 교집합은 두 사람이 같이 생활하면서 생긴다. 전혀 모르는 사람끼리는 교집합이 없다. 같이 생활을 하는 가족이라도 교집합의 크기는 다 다르다. 교집합의 크기는 내가 결정하는 것이 아니고 상대방이 결정한다. 나는 그 사람과 교집합이 0.5라고 생각하는데 그 사람은 0.1이라면 나와 그의 교집합은 0.1이다.

교집합의 크기가 플러스(+)면 비교적 괜찮은 관계다. 마이너스(-)면 남보다 못한 관계가 된다. 가족들 간에도 남보다 못한 관계가 비일비재하다. 팀에서도 마찬가지다. 팀장과 각 팀원이 가지는 교집합 크기가 다 다르다. 팀원끼리도 마찬가지다. 계속 같이 근무했으면 하는 팀원과 팀장이 있고, 같이 일하지 않았으면 하는 사람도 있다. 스티븐 코비는 교집합 부분을 감정계좌emotional bank accounts라 부르며 이것을 그림으로 그리고 수치화했다. 은행 계좌는 한 번에 왕창 거액을 예금하고 찾지 않으면 유지되는데, 감정계좌는 한 번에 크게 늘리기 힘들고 유지하기도 힘들다. 오히려 '매몰찬 한마디'로 단번에 마이너스 통장이 되는 수도 있다.

감정계좌의 크기를 결정하는 것도 상대방에게 있다. 나는 그에게 잘한다고 하는데 그는 냉랭하다면 잘하는 것이 아니다. 그는 배가 고픈데 극장에 가자고 하는 꼴이다. 코비가 이것을 이론적으로 풀어냈다면 신경숙 작가는 현장의 목소리로 들려준다. 신경숙 작가의 《엄마를 부탁해》는 내게 '아하' 하는 깨달음을 주었다.

치매에 걸린 엄마가 지하철에서 사라지자, 늘 엄마는 그 자리에 있을 것이라고 생각했던 가족들이 엄마에 대해 잘 알지 못했던 것들을 깨달아가는 이야기다. 엄마의 모든 소망과 꿈을 먹고 자란 큰아들, 친구처럼 의지하며 무람없던 큰딸, 자식 기르는 기쁨을 알게 해준 작은딸, 평생 살림의 책임을 떠안기며 밖으로만 돌던 아버지까지, 엄마의 부재를 통해 각자의 이야기를 아프게 쏟아낸다. 그들은 모두 가족이지만, 엄마와 다 다른 감정계좌를 가지고 있다. 내가 코비에게 대인관계의 크기를 그림으로 그려서 확인하는 방법을 배웠다면, 신경숙 작가는 내게 사람 간 관계에는 양이나 크기뿐만 아니라 '밀도'가 있다는 것까지 가르쳐주었다. 그리고 그것이 사람마다 다 다르다는 깨달음 또한 얻게 되었다.

나의 대인관은 이 책을 읽기 전과 후로 나뉜다. 지금도 이 책을 책꽂이에 두지 않고 책상 위에 두고 있다. 붉은색 표지의 이 책은 나에게 메시지를 계속 던져준다.

왜 내게 말을 거는 사람이 없을까? 내가 먼저 말을 걸지 않았기 때문이다.

왜 사람들이 내게 관심이 없을까? 내가 다른 사람에게 관심이 없기 때문이다.

출근하기 전에, 출근하면서, 일하면서, 퇴근길에 살펴볼 사람을 찾는다.

리더와 머슴의 차이

조직에는 이런 사람, 저런 사람 다 있지만, 그중에서도 어느 조직에나 있는 사람이 있다. 바로 공치사하는 사람이다. 공치사의 정의는 '남을 위하여 수고한 것을 생색내며 스스로 자랑함'이다. 자기가 선의로 한 일이 다른 사람에게 부각이 안 되면 몹시 섭섭해하고, 어떻게 해서든 내가 그렇게 도왔다고 티를 내야 직성이 풀린다. 그것도 부족해서 사람만 만나면 자기 공을 떠든다.

실상은 잘한 일인데 이런 행동으로 자기 공덕을 다 까먹고, 결국에는 주위 사람들의 눈총을 받는다. 오히려 "누가

도와달라고 했나? 자기가 느닷없이 와서 도왔지?", "아! 저 사람은 생색내는 사람", "자기도 한몫했다고 자랑하려고 도와주는 것 같아"라는 소리를 듣는다. 공치사하는 사람들은 남의 칭찬에 들뜨고 남의 비난에 가라앉는다. 늘 남을 쳐다보고 산다. 이런 분들이 주위에 많다.

개인적으로 나는 이들이 '머슴'과 같다고 생각한다. 누가 보고 있으면 열심히 하고, 누가 보지 않으면 열심히 하지 않거나 대충 하는 사람이 머슴 아닌가? 일의 주인은 자기가 피곤하면 쉬고, 해가 져도 일할 게 있으면 일을 한다. 일의 머슴은 일을 하면서도 주인이 보는지 안 보는지를 항상 살핀다. 주인이 없으면 좀 천천히 하거나 쉬고, 주인이 있으면 좀 더 부지런히 하는 척한다. 일의 완성도는 안중에 없다.

이런 분들이 조직 구석구석에 있다. 일의 머슴들이 많은 조직은 어떤가? 리더의 그러지 말라는 한마디에 고칠 것 같은가? 오랫동안 그들을 고치려고 노력해봤다. 안 고쳐진다. 머슴은 머슴이다. 그런 사람을 고치려 하지 말고 그런 사람에게 맞춤 리더십을 발휘하는 게 좋다.

리더는 구성원 중에 이런 직원이 있으면 바빠진다. 조직에서 구성원들이 자기 일만 전문가처럼 잘하면 되는가? 조직에는 일과 일 사이에 빈 부분이 많다. 자기 일도 아니고 남의 일도 아닌 그 빈 부분을 누군가는 채워야 한다. 묵묵히 내 일이거니 하면서 구석을 채우는 분이 있고, 공치사를 요구하면서 구석을 채우는 분도 있다. 팀의 일은 확실한데 자기 일도, 남의 일도 아닌 일에 선뜻 나서는 팀원이 없으면 팀워크가 제로다.

구석 일을 묵묵히 하는 사람에게도 리더의 눈길이 필요하고 구석 일을 공치사하는 사람에게도 리더의 입이 필요하다.

이들을 각각에 맞춰 격려하는 것이 리더의 몫이다.

그러면 공치사하는 사람이 구석진 일에 도움을 주는 행동을 반복적으로 한다. 이것을 긍정적 강화positive reinforcement라고 한다. 여럿이 있을 때, 특히 담당 임원이 같이 있을 때 "이번에 김 대리가 자기 일이 아닌데도 나서서 도와줘서 그 일을 완수했어요", "아! 그래 역시 김 대리야." 이 말 한마디 하면, 죽을 둥 살 둥 자기가 일을 찾아서 열심히 한다. 역시 리더십은 섬세한 예술이다.

거울을
몇 개 장만하자

여행을 가면 호텔 화장실에서 깜짝 놀란다. 화장실 거울 옆에 달린 또 다른 거울 때문이다. 2배인지 3배인지 모르겠지만 확대되어 보이는 거울 속 내 얼굴에 내가 놀란다. 지저분해 보이는 검버섯이 얼굴 여기저기에 있다. 지난번 휴가 때 탄 얼굴도 그대로다. 이런 거울은 내 모습을 적나라하게 보여준다. 집에 가면 꼭 이 거울을 사야지 하면서 매번 까맣게 잊고 있었는데, 동네 다이소에서 이 거울과 마주쳤다. 그래서 하나 장만해서 내 책상에 놓았다. 수시로 본다. 수시로 놀란다.

내 얼굴을 제일 많이 보는 사람은 나일까? 아니다. 내가 제일 많이 만나고 있는 사람이다. 제일 많이 만나는 사람이라도 내게 관심이 없으면 흠이 잘 보이지 않는다. 또 흠이 보여도 그게 흠이라고 말해주기 어렵다. 아니면 매일 만나다 보니 그 퇴화나 진화 과정이 눈에 안 띄어 안 보이는 경우도 있다. 어쩌다 만나는 사람은 변화가 잘 보여서 만나자마자 이렇게 말한다. "어딘가 달라졌네요, 뭐지?" "맞다. 살이 빠졌네요." "좋아 보여요." 등이다. 거의 대부분 늙어가는데도 실체적 진실을 감춘다.

왜 그럴까? 흠을 얘기하는 것이 지적질이라고 생각하기 때문이다. 지적질을 마음대로 할 수 있는 관계가 있을까? 내게는 그런 관계인 사람이 둘 있다. 한 분은 배우자고, 나머지 한 분은 내가 필요해서 내 흠을 얘기해달라고 부탁한 사람이다.

배우자는 준비 없이 '훅' 들어온다. 그렇게 들어와도 잘 받아들이면 금실이 좋은 부부다. 스티븐 코비의 표현을 빌리면 감정계좌가 만땅인 부부다. 감정계좌가 낮은 부부의 경우는 갑자기 훅 하고 들어온 배우자의 지적질이 "너도 지난번에 그랬잖아"라는 반사 행위로 이어진다. 서로 상대방의 흠들을 난사한다. 그러면 부부싸움이다. 심해지면 이혼이다. 매일 보는 부부도 마음의 준비가 안 된 상태에서의 지적질은 싫어한다. 개인적으로 나도 덜 성숙한 상태여서 최근까지 마나님의 지적을 꺼렸다. 마나님의 지적은 계속된다. 이제는 훅 들어와도 나를 위한 힐난이니 찍소리도 못 하고 받아들인다. 의도가 파악되니 일상이 됐다.

의도는 좋았는데 결과는 전혀 생각지도 않은 갈등상태가 될 수 있다. 갈등은 좋은 의도에서 잉태된다. 갈등은 좋은 의도와 전해지는 말과의 차이에서 나온다. 매일 만나는 사람이나 배우자가 내 흠에 대해 얘기해주지 않는 것은 쓸데없는 갈등을 피하기 위함이다.

그러나 내가 필요해서 흠을 얘기해달라고 부탁한 나머지 한 분이 있다. 나는 이분이 말해주는 것은 스펀지같이 받아들일 자세가 되어 있는 상태여서 갈등이 없다. 있는 그대로를 얘기해줄 수 있는 거울 같은 사람이 있다면 행복한 리더다.

중국 역사상 최고의 통치자 다섯을 뽑으라면 꼭 언급되는 인물이 당 태종 이세민이다. 그는 3개의 거울을 장만해 자신을 관리했다고 한다. 당 태종에게 직언을 일삼던 명재상 위증이 병으로 죽자 당 태종이 "무릇 구리로 거울을 만들면 의관을 단정히 할 수 있고, 옛날로 거울을 삼으면 흥망을 알 수 있으며, 사람으로 거울을 삼으면 득실을 밝힐 수 있다. 짐은 일찍이 이 세 가지를 가져 내 허물을 막을 수 있었다. 지금 위증이 세상을 떠나니, 거울 하나를 잃어버렸도다"라며 애석해했다. 정관정요貞觀政要에 기록된 말이다.

나도 3개의 거울을 장만해야겠다.

리더십의
반감기

1962년에 경제학자 프리츠 매클럽Fritz Machlup이 소개한 지식의 반감기라는 개념이 있다. 한 분야의 지식 절반이 쓸모없는 것으로 바뀌는 데 걸리는 시간을 말한다. 그의 발표가 있은 지 50년 후인 2012년에는 새뮤얼 아브스만Samuel Arbesman 박사가 《지식의 반감기Half-Life of Facts》라는 저서를 통해 물리학의 반감기는 13.07년, 경제학은 9.38년, 수학은 9.17년, 심리학은 7.15년, 역사학은 7.13년이라고 발표했다.

어느 재단 이사회에서 들은 얘기다. 의대 대학원장

을 역임하신 재단 이사님이 과거에는 의대 학생이 졸업 후 10년이 지나면 학교에서 배운 지식의 50%는 버려야 했다고 말씀하셨다. 새뮤얼 아브스만의 발표와 같은 맥락이다. 요즈음은 어떨까? 놀랍게도 이분은 이제 그 속도가 '70시간'에 불과하다고 이야기하셨다. 의학 발달 속도가 과거와 비교될 수 없을 정도로 빠르다는 것이다. 속으로는 '설마'라고 했다가 그분의 전공이 영상의학이라 다른 분야보다 빠를 것 같다는 생각이 드는 한편, 배우고 돌아서면 새로운 방법이 나와 있는 과학기술 발달 현황을 보면서 그 말이 맞다고 인정할 수밖에 없었다.

리더십에도 반감기가 있다. 하지만 리더십의 특성상 반감기까지 가면 조직은 멍든다. 아마 '반의반'감기만 되어도 버티기 힘들 것이다. 리더십 파이프라인에 따라서 반감기가 다르지만, 팀장People Leader의 경우는 반감기를 3년으로 본다. 물론 단지 내 한정된 경험과 생각으로 얘기하는 것이다. 팀원을 이끄는 리더십은 지식 분야, 과학기술 분야와는 다른 차원에서 봐야 한다. 사람이 다른 사람의 마음까지 얻는 시간은 길고, 과정도 쉽지 않다.

리더는 혼자 일하는 것이 아니라 경험, 역량, 태도가 각각 다른 팀원들과 일을 해야 한다. 리더로서 처음 겪는 인재 관리는 어렵다. 리더들의 개인차는 있지만 첫 1년은 허니문 기간으로 본다. 2년 차는 인력관리, 성과관리 등을 한 바퀴 돌아서 자기만의 리더십을 발휘한다. 3년 차는 숙달된 조교처럼 팀장의 역할을 한다. 이 기간에 팀원 구성도 20~30% 바뀐다. 시장 환경, 관련 직무 지식도 모두 바뀐다. 갈림길에 선다. 이때 지속 학습으로 계속 갈 수 있는 반감기 없는 리더와 그렇지 않은 리더로 구분된다.

대부분의 회사는 '한 번 팀장은 영원한 팀장'이라는 덫에 걸려 있다. "특별한 하자가 안 보이는데 리더를 그 자리에서 끌어내릴 수 있나?"라는 변명을 한다. 물이 흐르지 않고 가만히 고여 있는 고요한 저수지같이 보인다.

리처드 다프트Richard L. Daft는 저서 《리더십 경험The Leadership experience》에서 리더십의 구성 요소를 6가지(영향력, 의도, 개인 책임, 변화, 목표 공유, 팔로워즈followers)로 규정했다. 이 6개의 구성 요소 중 반감이 아니라 '반의반'감만 되어도 리더의 자리에서 내려와야 한다. 6개의 지표가 복잡해서 나는 2개의 지표를 제시해본다. 하나는 회사 측면에서 측정할 수 있는 '성과'이고, 나머지 하나는 팀원들이 그 리더하고 근무하면서 많이 배운다는 '피드백을 주는가' 여부다.

성과도 그저 그렇고, 팀원 관리도 그저 그렇고, 마지못해 회사가 시키는 교육에 참여하고 직무 지식도 그저 그런 팀장들이 버젓이 리더로 활동한다면 그 회사도 그저 그런 회사다. 반감기가 훌쩍 넘어 팀원이 직무에 대해 설명을 해줘도 못 알아듣는 팀장을 회사가 알면서 애써 외면하면 제일 먼저 유능한 직원이 떠난다. 그런 회사는 빠르게 시장에서 사라진다.

난 개인적으로 리더십이 반감기에 도달하면 이미 영향력이 떨어져서 리더 자리에서 내려와야 한다고 생각한다. 리더십은 지식이나 경험이나 역량과는 다른 차원이다.

리더십은 반감이 아니라 100% 유지다.

나의 리더십은 반감기에 도달했는가, 아닌가?

3

개인의 성장과 조직의 성장

일의 태도

지속 성장하는 회사와 지속 성장하는 직원

기업의 목표는 지속 성장이다. 지속 성장하는 회사에는 지속 성장하는 직원이 있다.

입사 면접 시 지원자에게 꼭 물어보는 질문이 있다. "본인이 생각하기에 좋은 회사란 어떤 회사인가요?" 휴가가 많은 회사, 복지가 좋은 회사 등 각기 다른 대답을 하지만, 대답은 대강 세 부류로 구분된다.

1) 지속 성장하는 회사only WIN

2) 회사도 지속 성장해야 하고, 자기도 성장의 기회가 많은 회사

WIN-WIN

3) 자기 성장 기회가 많은 회사 only WIN

1-2-3 순서로 빈도수가 높다. 나는 개인적으로 2번 대답을 선호한다. 사람은 이기적 유전자를 가지고 있기 때문에 자기 성장을 추구하는 것은 기본 욕구다. 그런 면에서 1번 대답은 솔직하지 못한 것이 아닌가 하는 의구심이 살짝 든다. 3번은 솔직한데 너무 철새같이 이 회사 저 회사를 기웃거리는 분처럼 보인다. 2번은 몸담을 그릇이 커져야 자기도 성장 기회가 많아진다는 것을 아는 사람이다.

그럼 지속 성장하는 직원은 어떤 조건을 충족시켜야 할까?

한 분을 예로 들어보고 싶다. 바로 송해 선생님이다. 송해 선생님은 34년간 프로그램 하나를 최장수 프로그램으로 만들어 진행했으며, 지금도 그 후임자가 프로그램을 진행 중이다(지속 성장 기업). 송해 선생님은 '현장이 곧 공부'라며 하루 전 녹화 지역을 미리 가서 군수 또는 시장을 만나고, 목욕탕 등에서 동네 사람들을 만났다고 한다. 녹화 당일에는 오전에 일찍 가서 떨고 있는 출연자를 일일이 미리 만나 사연을 듣고 적고 외웠다(지속 성장 자기계발).

송해 선생님은 차 없이 대중교통을 이용했고, 매일같이 단골 목욕탕에서 냉온탕을 즐겼다. 우거지탕과 마늘을 섭취했고, 치아는 매월 1회 정기검진을 받았다(지속 성장 자기관리). 핸드폰 없이 살았지만, 방송 시장에서 찾을 수밖에 없는 사람이 되었다(시장가치 유지). 프로그램에 관계된 엄청난 이해관계자들의 의견을 잘 반영하여 최장수 프로그램으로 자리 잡도록 도왔다. 대사 없이 프로그램을 진행했다는 것은 PD나 작가가 써주는 대로 움직인 것이 아니라, 본인의 생각과 대체 불가한 유니크함으로 프로그램을 운영했다는 것을 증명한다(지속 성장 핵심 역량).

결과는 그가 진행했던 프로그램이 최장수 프로그램으로 지금도 지속되고 있다는 점 그리고 무엇보다도 그에게 안티 팬이 없었다는 점을 보면 안다. 방송인 이경규는 어느 인터뷰에서 "인기란 유리창에 낀 습기 같은 것이라 해 뜨면 금세 사라진다. 대중은 창밖의 새로운 빛만 바라본다는 두려움이 지금껏 살아남게 만들었다"고 말했다. 이런 연예계에서 70여 년 연예인 활동을 하면서 인기를 유지하기는 힘들다.

송해 선생님은 나이가 들수록 인기가 커졌고, 돌아가시

기 직전까지 현역으로 활동했다. 이런 점은 지속 성장의 모델이 되기에 충분하다(지속 성장 평가 결과). 이를 기업에 대입해보면, 지속 성장하는 직원과 기업은 이런 특성을 지니고 있다고 할 수 있다.

첫째, 한 회사나 특정 업무에 몰입한 시간이 어느 정도는 유지되어야 그 조직에 공헌도가 높아진다. 정확하게 몇 년 근속이 되어야 하는가를 특정할 수는 없지만, 업무의 완성도가 기업 성장에 큰 공헌을 했다는 평가가 나올 정도의 근속 기간은 필요하다.

둘째, 시장에 대응하기 위해서는 민감성과 유연성이 뛰어나야 한다. 송해 선생님처럼 현장에서 답을 찾고 상황에 따라 유연하게 접근해야 한다.

셋째, 자기관리를 지속해야 한다. 코비가 지적한 것처럼 육체적 건강, 지적 건강, 영적 건강, 사회적 건강 등 4개 차원의 자기관리가 꾸준히 되어야 지속 성장인이다.

넷째, 협력을 만들어내는 커뮤니케이션 역량이 필요하다. 송해 선생님은 커뮤니케이션 능력이 뛰어나셨다. 프로그램을 진행하면 이해관계자가 오죽 많겠는가? 최근 나도 개그맨 홍현희 님이 출연한 유튜브 방송 〈네고왕〉에 출연한

적이 있는데, 촬영장에 들어서서 엄청난 인력을 보고 깜짝 놀랐다. 〈전국노래자랑〉이야말로 이해관계자가 많은 프로다. 송해 선생님은 이 많은 분들의 요구와 원하는 바를 반영하여 34년 동안 프로그램을 끌어왔다.

기업이 가지고 있는 유니크한 부분은 많은 직원들의 협력에 의해 만들어진 것이다. 협력을 이끄는 소통 역량이 지속 성장하는 직원의 필수 조건이다. 유능한데 독불장군이면 협업이 대세인 지금 쓸모가 없다.

다섯째, 송해 선생님이 남이 써준 대사 없이 본인이 프로그램을 유니크하게 만들어 나갔던 것처럼 주도적이어야 한다. 도요타에서는 "일이 무엇인가?"란 질문에 "부가가치를 내는 것만이 일이다"라고 했다. 부가가치를 내지 못하는 것, 그냥 매일매일 하는 것은 일이 아니라는 말이다. 무서운 정의이고 아주 주도적인 접근이다.

난 추상적이고 포괄적인 것을 싫어한다. 거대담론을 이야기하는 것도 싫다. 실질적으로 부가가치를 내는 것이 1순위다. 그것이 지속 성장을 이끈다. 송해 선생님은 끊임없이 프로그램에 변화를 주어 MC의 기준을 높였다. 지속 성장하는 직원은 끊임없이 기준을 높인다.

여섯째, 나 스스로 "내가 잘했다"고 평가하는 것 말고,

다른 사람에게서 “잘했고 회사에 공헌도가 높다”라는 평가를 받아야 한다. 냉정하게 말하면 다른 회사에서도 러브콜이 와야 하고, 사표를 냈을 때 회사에서도 연봉 인상이나 승진 등의 적극적 조치가 따라주는 그런 사람이 되어야 한다. 그런 사람은 고용 결정권이 회사에 있는 것이 아니라 본인에게 있다. 송해 선생님은 95세 나이로 돌아가시기 직전까지 현역이었고 그때까지 고용 결정권을 방송사가 아니라 본인이 가지고 있었다.

나는 어떤 사람인가?

도요타에서는
“일이 무엇인가?”란
질문에 “부가가치를 내는 것만이
일이다”라고 했다. 부가가치를 내지
못하는 것, 그냥 매일매일 하는 것은 일이
아니라는 말이다. 무서운 정의이고
아주 주도적인 접근이다.

혜성처럼 나타나는 인재는 없다

손흥민이 혜성처럼 나타났다? 그것은 자라온 배경을 몰라서 하는 말이다. 혜성처럼 나타난 손흥민은 없다.

과거 보험회사 인사부장을 2년간 했다. 같은 사무실에 인사부와 총무부가 있었다. 입사 직후라 한 분 한 분 인사 카드를 보고 외울 때였다. 총무부에 무슨 일을 하는지 모르겠는 직원이 한 분 있었다. 아무것도 없는 책상 위에 무슨 도사처럼 웅크리고 하루 종일 앉아 있었다. 총무부장에게 “저분은 뭐하는 분인가요?” 하고 물으니 씩 웃음 지으며, 축구단 코치를 할 분이라고 소개했다. 그분이 손흥민의 아버지 손웅정이었다. 고교 후배라 만나면 눈인사 정도 하고 지내는 사이가 되었다.

몇 개월 지나고 실업 축구단이 창단되었다. 단장은 내 보스였고, 감독은 그 유명한 신윤기, 코치는 손웅정이었다. 독종 신윤기 감독과 더한 독종 손웅정 코치의 만남이었다. 이들을 추천한 분이 독종 중의 독종 박종환 감독이었다. 독종들이 모여 다른 축구단 선발에서 제외되어 악만 남은 2, 3류 선수들을 모아 모아 축구단을 꾸렸다. 만화에 나오는 외인구단 같았다. 안 봐도 비디오다. 독하게 훈련을 시켰다. 홈구장 하나 없이 이리저리 옮겨가며 눈물겨운 사투가 계속되었다. 신생 보험회사라 돈도 부족했다. 주주들의 반대도 많았다. 나까지 투입되어 난생처음 축구 선수들을 대상으로 교육도 했다.

결과는 축구단 창단 첫해 우승이었다. 혼연일체라는 말을 처음 실감했다. 묵묵히 뒤에서 선수들의 기초체력을 잡아주는 손웅정이란 사람을 다시 보는 기간이었다. 우승 뒤에 후폭풍은 더 컸다. 선수들 중 5명이 프로 축구단으로 이적했다. 이적료가 알려지자 축구단이 그동안 듣던 '돈 먹는 하마'란 소리가 사라졌다. 다음 기수로 좋은 선수들이 또 지원했다. 몇 년 후 회사 자체가 인수합병되면서 축구단이 아쉽게 해체되었다.

신윤기 감독은 바로 프로 축구단 감독으로 스카우트되었다. 손웅정은 초등학교 축구 코치로 활동하면서 그만의 축구에 대한 철학으로 손흥민을 키웠다. 손흥민은 흔히 말하는 1만 시간의 법칙으로 월드 클래스가 되지는 않았다.

내가 보기엔 3만 시간의 법칙 그 이상이다. 업무에 탁월한 탤런트가 하루아침에 만들어지지 않는다. 요즘처럼 여러 이해관계자들이 얽혀 있는 복잡한 업무를 해결하려면 역량과 경험과 태도가 비빔밥처럼 버무려져야 한다.

그렇게 되기까지는 시간이 걸린다. 첼로가 좋아 첼리스트 장한나를 조금 알기 시작한 것이 10여 년 전이었다. 어느 날 TV를 켰더니 장한나가 미친 듯이 오케스트라를 지휘하고 있었다. 당시 그가 30세 초반이었으니, 머리가 희끗희끗할 정도로 나이가 들어야 지휘를 할 수 있는 줄 알았던 나에게는 그 모습이 충격이었다.

어떻게 저 나이에 20여 개의 다른 종류 악기와 100여 명의 연주자들을 지휘할 수 있을까? 그다음 날도 그것이 나의 화두였다. 그러다 답이 나왔다. 장한나는 그냥 1만 시간을 보낸 것이 아니라, 음악에 몰입한 시간이 수만 시간이니까 가능했을 것이다. 손흥민도 손웅정도 장한나도 범상치 않은 인물들이다. 이 범상치 않은 인물들은 시간을 따지지 않고 몰입한다.

손흥민의 제일 통쾌한 골은 2019년 12월 8일, 번리전에서 73m 드리블 후 터트린 골이었다. 이 골은 2020 프리미어리그 올해의 골에 선정되었고, 손흥민은 한국인 최초로 푸스카스상을 받았다. 푸스카스는 누구인가? 1960년 당시 레알 마드리드에는 세계 최고의 골잡이 페렌츠 푸스카스Ferenc Puskas가 있었다. 한 기자가 푸스카스에게 물었다. "어떻게 하면 그렇게 축구를 잘할 수 있습니까?" 그러자 푸스카스가 웃으면서 대답했다. "나는 사람들과 있을 때에는 축구 이야기를 합니다. 그리고 혼자 있을 때는 축구에 대해서만 생각합니다."

푸스카스, 그 상을 받은 손흥민, 그의 아버지 손웅정, 첼리스트면서 지휘자인 장한나, 그리고 산업계에 있는 수많은 탤런트들. 이들은 모이면 축구, 음악, 업무 이야기를 하고, 혼자 있을 때는 축구, 음악, 업무만 생각한다.

혜성같이 나타난 스타급 탤런트는 없다.

엄청난 몰입의 시간을 경험한 탤런트만 있을 뿐이다.

'적당한 자리'와 '좋은 분'

인사 업무를 오래 하다 보니 "적당한 자리가 있으면 소개해주세요"라고 부탁하시는 분이 많았다. 회사 측에선 "좋은 사람 추천해주세요"란 요청이 많다. 그래서 그동안 적당한 자리에 좋은 분을 많이 소개해드렸다. 그런데 성공한 사례보다 실패한 사례가 많은 것 같다.

취업을 부탁하는 사람도, 소개해달라는 회사도 그저 추상적이고 포괄적인 표현으로 '좋은 분'과 '적당한 자리'를 원했다.

한번은 지인의 지인을 잘 알지도 못하면서 화려한 스펙만 보고 모회사 회장님에게 소개를 했다. 3개월 정도 지나니까 두 분 다 난리였다. "뭐 이런 사람을 소개해주셨어요?" "뭐 이런 일 시키려고 나를 그 회사에 소개했어요?" 결국 그분은 퇴사했다. 나를 믿고 추천해달라고 했는데, 기껏 좋은 일 한다고 한 짓인데, 내 신용도 함께 잃었다.

지금은 내가 확신이 서지 않으면 소개를 하지 않는다. 그 자리의 역할과 책임R&R이 명확하지 않으면 추천하지 않는다. 그게 맞다. '적당한 자리'에 '좋은 분'으로는 서로 다르게 설정한 기대를 일치시키기 어렵다. 알음알음으로 소개하던 시대는 지났다.

이력서를 보면 2~3년 주기로 이 회사 저 회사로 옮긴 분들이 많다. 이직 사유를 물어보면, 8~9할은 경력확장을 이야기한다. "그 회사에서는 경력확장 기회가 없었나요?"라고 물으면 그런 전직 제도가 그 회사에는 없어서 이 회사에 지원했다고 한다. 그런데 정말 그럴까?

회사를 옮기면 새로운 회사의 규정과 시스템 그리고 규정이나 시스템으로 만들어져 있지는 않으나 전 직원이 따라야 하는 관례 등을 손에 익히는 시간이 꽤 걸린다. 입사한

지 2~3년 지난 직원들도 이런 규정이 있었느냐고 묻는 경우가 허다하기 때문이다. 연구자들에 따르면 아무리 빨라도 6개월은 지나야 그 사람의 역량을 알 수 있다고 한다. 3개월이 법적인 수습 기간인데 진짜 실력을 알지 못한 채 그를 정식 사원으로 받아들일 수밖에 없는 것이 현실이다.

어떤 일이든 1년이라는 한 사이클이 지나야 그 분야의 거의 모든 업무를 해봤다고 할 수 있다. 입사 첫해에 회사의 기대치를 넘고, 2~3년 만에 그 일을 다 해냈는데 추가적인 발전이 없어서 회사를 옮겨야 한다는 지원자의 변을 어디까지 진실이라고 믿어줘야 할까?

이런 질문을 던져본다.

일을 정말 잘하는 직원이면 그 회사에서 잡지 않았을까?

일을 정말 잘하는 직원이면 그 회사에서 CDPCareer Development Program 차원에서 본인이 원하는 자리로 전직을 해주지 않았을까?

신입보다 경력
정기보다 수시

구인·구직 매칭 플랫폼 사람인이 2021년 12월 397개 기업을 대상으로 '경력직 채용 비중'에 대해 조사한 결과에 따르면, 최근 2년 새 '경력 직원 위주로 채용했다'(65.5%)는 기업이 '신입 직원 위주로 채용했다'(34.5%)는 기업보다 2배가량 많았다. 코로나19 이후 더 심화된 채용시장의 변화에는 두 축이 있다. 하나는 경력직 채용이고, 나머지 하나는 수시채용이다.

회사가 신입보다 경력직 채용을 더 선호하는 이유는 무엇인가? 정기채용보다 수시채용을 더 선호하는 이유가 무엇인가? 결원이 생기면 '바로 뽑아 바로 쓰자' 주의인 것이다. 단박에 빈자리를 채워 성과를 올릴 수 있기 때문이다. 사람을 잘못 뽑아서 개고생을 한 기억은 싹 잊어버리고 당장의 성과를 위해 현실과 타협한다. 현장 관리자일수록 달콤한 유혹이다. 비용 면에서도 효율적이라는 판단이다. 다행히 성품과 역량이 둘 다 괜찮은 좋은 직원이 오면 감사하다. 그런데 그런 경우는 많지 않다.

경력직 노동시장에는 '아니면 말고'가 없다. 그냥 연봉도 적당하고 출퇴근도 적당해서 다섯 번째 들어온 회사라도, 이번에는 이 회사에서 고성과자가 되겠다는 태도와 전 회사에서의 역량이 6점이었다면 8~9점까지 끌어 올리겠다는 욕심과 이를 실현하기 위한 노력이 필요하다. 주어진 일의 완성도를 높이고 일을 스스로 찾아가면서 직무 충실화, 직무 확대를 하는 경험을 쌓는 장이 되어야 한다. 그러면 회사도 본인도 윈윈win-win하는 경력직 입사다.

반대로, 똑같이 어찌어찌해서 다섯 번째로 이 회사에 다행히 입사를 했는데, 평가가 나빠지면 '아니면 말고' 하고 나가버리는 경우가 있다. 철새나 세입자 같다. 그러면 회사도 손해고 본인도 손해다. 그 사람에 대한 소문은 SNS를 통해 좋은 소식보다 3배 빠르게 전 산업계에 퍼진다.

세상에 적당히 근무하고 월급 주는 회사는 없다.
어떤 회사든 적당히 해도 되는 일은 없다.

예전에는 놀면서 월급을 받는 무임승차자들이 군데군데 있었다. 컴퓨터가 일반화되기 전까지만 통용되는 이야기다. 이제는 패스워드에서 콤마 하나, 스펠링 한 자라도 틀리면 일을 시작도 못 한다. 일한 흔적이 디지털로 곳곳에 남는다. 무임승차자가 엉덩이를 대고 있을 장소가 점점 없어지고 있다. 고무적인 현상이다.

이것이 충족이 안 되면 회사를 떠난다

오늘도 사직원을 결재했다. 아직까지 자필로 서명 날인한 사직원을 받고 있다. 연중 계속되는 행사다. 나간다고 하면 한편에선 들어올 사람을 물색한다. 세입자들처럼 왔다 갔다 하는 직원들도 있다. 거주자처럼 오래도록 한 직장에서 근무한 직원들도 많다. 무엇이 이들을 나가게 하고 붙잡아 두는가?

아마 수십 가지 이유가 존재할 것이다. 연봉 때문에 옮기는 사람이 많다. 경력개발 핑계로 옮기거나 출퇴근 거리 때문에 옮기는 경우도 많다. 직원들과의 갈등도 이유다. 이

것 말고도 퇴직 이유는 수두룩하다.

퇴직 이유에도 필요요건, 충분요건, 필요충분요건이 따로 있다.

필요조건은 이직 이유를 들으면 나라도 그럴 수밖에 없다는 생각이 드는 조건이다.

충분조건은 이직 이유를 들으면 그럴 수 있겠다는 생각이 드는 조건이다.

필요충분조건은 두 조건에 다 해당되는 경우다.

일반 직원들도 퇴직한다고 하면 다 만나서 면담을 한다. 중요 포지션의 직원이 사직 의사를 표하면 바로 만나본다. 사직원 잉크가 마르기 전에 잡기 위해서다.

들어보고 필요충분조건이면 인수인계 잘해달라고 부탁하고 새로 가는 회사에서 성공하기 바란다고 하며 면담을 마친다. 핵심 탤런트의 경우에는 "그 회사에 가서 많이 배우고 다시 우리 회사로 돌아오라"며 말하기도 한다.

만약 퇴직 이유가 필요조건이라면, 회사에서 꼭 잡아야 하는 인재일 경우 카운터오퍼counter offer라도 하면서 2차, 3차 면담까지 해서 떠나야 하는 이유를 없애려고 한다. 충분조건이면 가능한 한 회사를 옮겼을 때의 리스크 등 본인이 못 본 부분들까지 이야기해주고, 지금 회사와 가는 회사의 업무, 근무 조건 등을 비교해가면서 면담한다. 이 경우 약 30~40%는 회사에 남는다.

문제는 이 '필요조건이 무엇인가'다. 이것도 여러 가지가 있지만 나는 개인의 '성장'을 꼽는다. 이게 채워지지 않으면 직원은 떠난다. 제일 아쉬운 부분은 핵심 인재인데 현 직장에서는 성장이 멈춰서 다른 회사로 간다고 하는 경우다. 더 이상 배울 것이 없다는 말이다. 옛날 만화 영화에 이런 말이 나온다. "더 이상 배울 것이 없으니 하산하여라" 이건 도사가 판단해서 제자에게 한 말이다. 그런데 지금은 배울 것이 있는지 없는지를 본인이 판단한다.

회사를 떠나겠다고 한 팀원이 생각하는 '회사'의 정체는 무엇일까?

어떤 제품도 아니고, 건물도 아니다. 회사의 정체는 같이 근무하고 있는 팀원들이다. 다닐 맛 나는 이유도, 떠나려는 이유도 이들이기 때문이다. "이분하고 같이 근무하면 나도 무림의 고수가 되겠구나" 하는 분이 있으면 왜 떠나겠는가? 나에게 배움과 깨달음을 주는 회사(동료나 보스)여야 내가 다닐 맛이 나는 곳이다. 떠나려는 직원에게는 이런 분이 없었다는 것이다.

그러니까 핵심 인재가 성장을 위해 나간다고 하면 일차적으로 그 원인은 같은 소속의 리더, 팀원들에게 있다. '리-팀 합작'이다. HR의 성장에 대한 제도적 장치가 부족하면 '리-팀-인 합작'이다.

회사에서 인재가 들어오고 나가는 것보다 큰 비용은 없다. 비용관리를 하려면 인재 관리가 첩경이고, 이 인재들이 성장할 수 있는 발판을 만들어놓는 것이 핵심적인 목표와 방향이다. 그 성장 발판이 같이 근무하는 분들이다. 이분들이 무림의 고수들이라면 매일같이 짜릿한 성장을 맛볼 것이다. "성장의 한계가 어디까지인가?"란 두려움까지 느낄 것이다.

나는 지금 내게 자극을 주고 있는 무림의 고수와 같이 근무하고 있는가?

업무 시간을 어떻게 쓰는가

사무실 근무자들의 근무 형태가 어떻게 달라졌을까? 다른 사람들은 출근해서 어떻게 시간을 활용하고 있을까? 코로나19 이후 근무시간 활용 추이는 어떻게 달라졌을지 궁금했다.

2011년에 겐슬러Gensler가 발표한 리포트에 의하면, 자기 일에 집중하는 시간은 전체 업무 시간의 59%, 타 부서와의 협업은 22%, 동료와의 대화 등 사내 교류는 6%, 학습은 4%의 비중을 차지했다. 그럼 2023년 결과는 어떨까? 2023년에 겐슬러가 발표한 바에 따르면, 타인과 협업이

42%(오프라인 28%, 온라인 14%)를 차지했고, 혼자 일에 집중하는 시간이 35%, 동료와의 대화 등 사내 교류가 12%, 학습이 11%를 차지했다.

12년 차이의 두 조사 결과를 보면서 큰 흐름을 몇 가지 발견했다.

하나는 협업의 중요성이 2배 이상 커졌다는 것이다. 협업도, 사내 교류도 2배나 중요해졌다. 이는 산업이 고도화되면서 거의 모든 업무가 혼자서 해결하기에는 복잡하고 어려워졌음을 방증한다. 협력을 잘하는 직원을 선발하고 교육하고 더 많은 협업 기회에 노출시켜 역량을 최대한 발휘하도록 하는 것이 HR 부서와 관리자의 역할과 책임이다. 그게 HR 전략이다.

둘째는 학습 시간이 3배로 늘었다는 것이다. 과학기술의 발달이 거의 쓰나미처럼 전방위로 밀려오니 미처 따라잡기가 어렵다. 하나를 배우고 돌아서면 새로운 것이 나와 있다. 업무를 도와주는 소프트웨어들은 우리에게 "야! 너도 할 수 있어, 나를 따라와 봐" 하고 말한다. 나도 지금 쓰고 있는 진화된 컴퓨터나 네트워크를 얼마나 잘 활용하고 있는지 의문이다. 채 10%도 못 쓰는 것 같다. 엄청난 돈을 투자한 회사 자원을 100% 써보는 것을 목표로 해야 한다. 개인적으로는 최단 시간 내에 20%까지 올리는 것을 목표로 삼고 있다.

세 번째로 이 조사를 매년 해서 발표한 기관이 일개 회사라는 점이 놀랍다. 인테리어 회사로 출발한 겐슬러는 해마다 사무실 관련 조사 결과를 발표하고 있다. 겐슬러는 1965년 캘리포니아 샌프란시스코에서 설립된 세계 최대 규모의 글로벌 디자인 및 건축 설계 회사다. 인천 공항 제2터미널 등의 건축설계에 참여하기도 했다. 건축회사가 왜 이런 리포트를 만들어냈을까? 내가 짐작하기에는 인간이 보다 편하게, 보다 효율적으로 일할 수 있는 공간을 만들자는 모토에서 출발했을 것 같다.

어쨌든 이 회사는 이 방면에서 세계 최고가 되었다. 세계 최고라서 이런 리포트를 내는 것이 아니고 리포트를 냄으로써 최고의 회사가 된 것이라고 생각하고 싶다. 단순히 건축 관련 업무만 하는 회사가 아니라, 인간의 행동 패턴을 연구하는 회사라는 것이 인상 깊다.

이런 리포트를 볼 때면 우리는 무엇을 하고 있는가 하는 생각이 든다. 우리나라에도 많은 경영학자들이 있고 국제적으로 내로라하는 경제연구소가 있고, 세계 GDP 10위를 넘나들며, 무엇보다도 취업자 수가 2,881만 명에 달한다. 우리도 우리나라 취업자의 행동 패턴을 조사하고 연구해서 발표할 때다.

조사다운 조사를 해서 그 결과가 한계가 있든 없든 발표를 해야 그것을 발판으로 더 좋은 조사와 연구를 할 수 있을 텐데 무척 아쉽다. 이것만은 분명하다. 인간의 행동 패턴을 조사하고 연구하는 회사가 최고의 회사가 될 것이다.

나는 출근해서 어떻게 시간을 쓰고 있는지 생각해보자. 달라진 시대에 대응할 준비가 되었는가?

근무시간 도둑질

어떻게 하면 직원들의 몰입도를 높일 수 있을까? 리더에게 이만큼 중요한 과제가 있을까? 있다. 몰입하지 못하게 하는 장애 요인들을 제거하는 것도 몰입만큼 중요한 과제다. 몰입의 반대말은 무엇인가? 근무시간을 허투루 쓰는 것이다.

대표적인 것이 근무시간에 개인 볼일을 보는 것이다. 회사 일 하라고 월급을 주는데 개인 볼일을 보는 사람이 월급루팡이다. 이쯤 되면 시간 도둑질이란 표현이 걸맞다. 몰입해도 될까 말까인데 이러면 아무것도 이룰 수 없다. 시간 도둑질에 리더가 관대해지면 조직은 병이 든다. 회사는 업무에 몰입하라고 직원의 주 40시간을 통째로 돈을 주고 산 것인데 이 비용이 줄줄 새는 셈이다.

시간 도둑질은 아주 다양한 형태로 나타난다. 언스트앤영EY의 조사에 따르면 한국 직장인이 회사에 머무는 시간은 평균 8.5시간이며, 그중 개인 업무에 쓰는 시간은 1시간 54분, 비효율적 업무에 쓰는 시간은 2시간 30분이라고 밝혔다. 그럼 출근해서 50% 정도의 시간만 일한다는 소리다. 2015년 자료이니 지금은 많이 달라졌을까? 2022년도 갤럽의 직원 몰입도 조사 결과, 한국이 12%로 나타난 것을 보면, 크게 달라지지 않았음을 쉽게 추정할 수 있다.

국책 연구기관인 한국형사정책연구원은 직장·직원 절도를 네 가지 범주로 분류했다. ①시간 절도, ②물품 절도, ③돈 절도, ④정보 절도다. 1번이 근무시간 절도다. 시간 절도에 해당하는 행위로는 흡연과 잡담, 개인적인 전화 이용, 점심시간 무단 연장, 질병 등을 핑계로 결근, 교통혼잡 등을 이유로 지각, 업무시간 중 직장 이탈해 개인 업무, 업무시간 중 온라인 게임 및 주식거래 등이 있다. 임금을 받고 일하기로 한 시간에 딴짓을 하는 것은 임금 절도와 다름없다는 것이다.

미국의 경우도 다르지 않다. 비즈니스 뉴스 데일리Business News Daily의 아담 우지알코Adam Uzialko에 따르면 시간 절도에는 8가지 형태가 있다.

1. 무단 출퇴근
2. 일하다가 사라짐
3. 시간을 반올림
4. 근무 중 취침
5. 점심시간 연장
6. 회사 컴퓨터를 사적인 용도로 사용
7. 전화 사용
8. 흡연

1번 무단 출퇴근은 자신이 출근하지 않았는데 동료가 대신 출퇴근한 것처럼 위장하는 경우를 말한다. 지각한 직원을 동료가 대신 출근시켜 주는 '버디 펀칭Buddy Punching'도 이에 해당한다. 미국은 16%나 버디 펀칭을 한다는 조사 결과도 있다.

5~8번은 한국에서도 점점 심해지고 있다. 어떻게 하면 업무 몰입도를 높일 수 있는지를 고민하는 동시에 시간

도둑을 제거하는 방안도 고려해야 한다. 일단 이것을 바로 잡지 않으면 일 많이 하고 잘하는 직원들이 회사를 떠난다. "어차피 일은 내게 떨어지고, 월급루팡은 저렇게 빈둥빈둥 대도 직장생활 잘하는데 나는 왜 여기서 이러고 있나?" 하는 자괴감과 상대적 박탈감이 심해지기 때문이다.

나는 이 세 가지 조사 결과에 하나를 덧붙이고 싶다. 각종 약속 시간 등에 늦게 오는 직원 또한 근무시간을 도둑질하는 사람이다. 약속 시간에 늦게 오는 직원은 다른 직원의 시간까지 훔치고 있다는 사실을 모르고 있다. 회의 시간에는 더 많은 인원의 귀중한 시간을 훔치고 있다.

오죽했으면 우아한형제들에서도 '송파구에서 일 잘하는 11가지 방법'에서 첫 번째를 "12시 1분은 12시가 아니다"라는 원칙으로 정했을까? 김봉진 의장의 말을 빌리면 처음에는 "9시 1분은 9시가 아니다"라고 썼다고 한다. 시간 약속을 잘 지키자는 의도였는데, 그와는 달리 직원들이 단순하게 지각하지 말자는 의미로 적용하고 있어서 몽촌토성 부근으로 본사를 옮기고 나서는 "12시 1분은 12시가 아니다"로 바꿨다고 한다.

시간을 때우는 직원이 많으면 회사가 위태롭다. 근무시

간에 몰입해서 일해도 지속 성장을 담보하지 못한다.

"조직 경영의 요체는 '메인스트림(주류)'을 확장하고, '마이너리티(소수)'를 최소화하는 것입니다."

한양증권 임재택 사장의 말이다.

이것을 근무시간에 대입해서 이렇게 이야기해보면 어떨까?

"시간 경영의 요체는 근무시간 몰입을 확장하고, 근무시간 도둑질을 최소화하는 것입니다."

워라밸 대신
Blending, Harmony

"우리 회사에 왜 지원했나요?" 물으면 10명이면 7~8명이 워라밸work and life balance이 잘 보장되는 회사라서 지원했다고 말한다. 그럼 다시 "일과 삶의 균형이 잘 맞는다는 것은 무엇인가요?"라고 물으면, 윗사람 눈치 보지 않고 휴가 쓰는 것, 퇴근 시간에 팀장 눈치 안 보고 바람과 함께 사라지는 것, 재택근무를 눈치 보지 않고 규정대로 실시하는 것 등 면접 자리에서 거창한 것을 말할 수 없어서인지 이 정도의 대답이 나온다.

대개 인간의 기본 욕구인 자기 결정권에 관한 문제다.

휴가도, 퇴근도, 근무시간도 다 내가 결정해야 좋은 회사에 다닌다는 생각이 드는 것이다. 그래도 세 가지 의문이 생긴다.

첫째, '자율권'은 큰 권력이어서 이마저 근로자에게 넘어간다면 회사를 문 닫을 준비해야 한다는 생각이 지배적이라, 근로자에게 자율권을 주기 어려운 회사가 아직 많은 것 같다. 코로나19를 겪으면서 조금 인식이 달라진 것도 사실이지만 전폭적으로 근로자에게 자율권을 준 회사는 드물다. 그러나 이미 인재는 자율권을 본인이 갖고 있다. 자율권은 업무 몰입도와 높은 상관관계를 가지고 있다. 전체는 아니더라도 일정 조건이 되는 직원에게는 자율권을 확대하는 것이 회사의 지속 성장에 도움이 될 것이다.

둘째, 정말 워라밸 때문에 회사를 옮기는 사람이라면 "일은 뒷전이 아닌가?"하는 의구심이 든다. 인터넷에도 "워라밸은 루저가 만든 단어다", "근로소득으로는 부자가 될 수 없으니 적당히 일하고 적당히 벌면서 여유 있고 재미있는 삶을 살아보자는 패배 의식이 워라밸이란 단어를 만들어냈다"는 주장도 떠돌고 있다. 필자 또한 이런 답변을 들으면 지원자가 일은 뒷전이고 워라밸만 따지는 사람일까 봐 내심 걱정이 된다. 걱정을 해소하기 위해 기껏해야 전 직장에서 얼마나 워라밸이 붕괴됐는지를 한 번 더 묻는다.

지원자는 그럴싸한 대답을 준비하지 않고서는 면접장에 오지 않는다. 그렇기에 면접위원들이 지원자에게 번번이 패할 수밖에 없다. 역량과 성과에 대해 면접으로 미리 알 수 있는 부분은 극히 제한적이다.

셋째는 "워라밸이란 단어가 직장인에게 맞는 단어인가?"라는 의문이다. 매일매일이 전쟁인 직장인에게 워라밸은 사치 아닌가? 잠시도 쉴 새 없이 쏟아지는 업무들은 어떻게 하고 워라밸을 실현한다는 말인가? 이런 생각을 하면서도 시대가 변했음을 자각한다.

집에서 배우자와 싸우고 나왔는데 두부 자르듯이 집안일은 싹 잊고 업무에만 열중할 수 있을까? 회사에서 상사에게 안 좋은 말을 듣거나 복잡하고 어려운 일을 하다가 퇴근한 직원이 회사 일을 머릿속에서 깨끗하게 지우고 자녀들이나 배우자와 행복한 대화를 할 수 있을까? 두 케이스 다 불가능하다.

단지 끊으려야 끊을 수 없는 일과 삶의 관계 속에서 일과 삶을 지혜롭게 섞어blending 행동할 뿐이다.

단지 끊으려야 끊을 수 없는 일과 삶의 관계 속에서 지혜롭고 조화롭게harmonize 행동할 뿐이다.

그래서 나는 워라밸보다는 잘 비벼진 비빔밥처럼 '워크 앤 라이프 블랜딩work and life blending'이란 단어를 좋아한다. 업무로 바쁠 때는 업무에, 집안일이 있을 때는 집안일이 우선이도록 지혜롭게 행동하는 것 말이다.

네 일, 내 일 따지는 놈이 적이다

회사에서 처리해야 하는 일은 양과 질 모두 변화무쌍하다. 고객은 클릭 하나로 떠나고, 시장은 회사보다 훨씬 빠르게 변화하기 때문이다. 지금 해봤자 소용없는 일도 많고, 고객과 시장 변화에 따른 새로운 일거리도 밀물처럼 계속 밀려온다.

늘 두 가지 질문이 머릿속에 맴돈다. “지금 우리 회사는 고객과 시장이 요구하는 일들을 모두 해내고 있나?” 그리고 나머지 하나는 “분명 고객과 시장은 버스 타고 떠났는데 우리는 쓸데없는 일을 하고 있다. 그게 무엇일까?”란 질문이다.

우선 첫째 질문부터 따져보자. 지금 우리는 고객과 시장에서 요구하는 일들을 다하고 있나? 그렇지 않다. 조직은 기능적 조직functional organization으로 구성되어 있기 때문이다. 회사는 직무역량이 뛰어난 사람들을 내외에서 모아 모아 그 자리에 앉힌다. 그들은 직무 기술서에 나와 있는 일은 잘하지만, 변화된 업무는 낯설어한다.

회사 일을 거대한 도형으로 형상화했을 때 빈틈없이 꽉 찬 사각형으로 이루어져 있을까, 아니면 공과 같은 작은 원으로 이루어져 있을까? 나는 원(공)이 사각형보다 회사 일에 가깝다고 생각한다.

회사 일 전체를 큰 공으로 생각하면 각 부서는 그 속에 들어 있는 작은 공이고, 직원들의 일은 각자 소속된 부서의 공 속에 있는 더 작은 공이다. 이런 공 사이에는 구멍이 숭숭 나 있다. 직원의 일들 간에도, 부서 간에도 빈 공간이 수도 없이 많다. 빈 공간이 많을수록 고객이나 시장이 요구하는 일을 못 하고 있을 가능성이 크다. 고객과 시장이 요구하지도 않은 일들을 열심히 하고 있다면 더 큰일이다. 쓸데없는 일을 하는 것에 대해 월급을 주고 상여금까지 챙겨주는 꼴이다.

잘나가는 회사는 빈 공간을 메우기 위해 이렇게 저렇게 조직화해서 운영한다. 매트릭스 조직, 프랜차이즈 조직, 다기능Cross functional 프로젝트 운영, 주니어보드 등이 대표적이다. 그래서 배달의민족이 "개발자가 개발만 하고, 디자이너가 디자인만 하면 회사가 망한다"고 적힌 포스터를 회사 곳곳에 붙여둔 것이다.

기능적 조직은 고급화·전문화된 시장을 소화하기에는 적합하다. 복잡하고 어려운 일이라도 기존에 해왔던 일은 전문가로 구성된 기능적 조직에서 해결한다. 그러나 기능적 조직에만 의존하게 되면 조직이 사일로silo 현상을 겪는다. 시장 변화에 의해 새로운 일들을 해야 하고 기존의 부서에서 처리하기 힘든 애매한 일들이 폭주하는데, 사일로에 익숙한 부서들이 핑퐁을 하고 있다면 어떨까? 서로 이 일은 내 일이 아니라고 하는 순간에 기회는 달아나고, 그 회사나 그 품목은 시장에서 사라진다.

이런 조직이 수도 없이 많다. 시장과 고객이 바람과 같이 사라졌는데 쓸데없는 뭔가를 열심히 시키고, 뭔가를 하는 우리를 발견한다. 우리 회사도 역사가 70년이다 보니 사실 이 부분에서 몸살을 앓고 있다. 몇십 년 동안 회사가 가장 노력한 부분이 이 '빈 공간'을 채우는 것이다. 그래서 그

나마 지속 성장하고 있다.

과거에 이런 임원을 본 적이 있다. 명확히 구분되지 않는 그레이존grey zone의 일이 떨어지면, "야! 이게 어디 우리 부서 일이야. 저 부서 일이지"라며 빈틈없는 이유를 대서 저 부서로 일을 패스한다. 결과는 어떻게 됐을까? 그 조직은 쪼그라들 대로 쪼그라졌다. 그 임원도 나갔다.

어떤 일이 생겼을 때 "네 일이냐, 내 일이냐"를 따지는 리더가 있다면 잘못 포지셔닝한 것이다. 팀원이 네 일, 내 일 따지는 것은 이해한다. 그러나 리더는 네 일, 내 일 묻지도 따지지도 말고 내 일로 품어야 한다. 회사는 리더만을 믿고 있기 때문이다.

리더라면 회사에서 새로운 일이 생겼을 때 "내가 책임지고 하겠소"란 대답을 서슴지 않고 해야 한다. CEO를 비롯한 이해관계자들이 그 길목에서 기다리고 있다.

시장 변화에 의해
새로운 일들을 해야 하고 기존의
부서에서 처리하기 힘든 애매한 일들이
폭주하는데, 사일로에 익숙한 부서들이
핑퐁을 하고 있다면 어떨까? 서로 이 일은
내 일이 아니라고 하는 순간에 기회는
달아나고, 그 회사나 그 품목은
시장에서 사라진다.

당신의 R&R은 무엇인가?

"너의 R&R(역할과 책임)은 뭐니?"

"그 자리의 R&R이 뭐야?"

어떤 직원이나 직무가 궁금할 때 흔히 하는 질문이다.

이런 말을 꺼내기도 한다.

"김 팀장은 왜 저렇게 자기 역할을 못하는지 모르겠어."

"팀에서 일어나는 모든 것은 팀장의 책임이다."

"R&R이 분명하지 않으니 이런 갈등이 생기지."

R&R 관련 질문들을 모아보면 대체로 '팀'과 관련된 내용이 많다.

1) 조직 내에서 팀이 달성해야 하는 목표(책임)가 있다.

2) 여러 명이 한 팀을 이루고 있다.

3) 팀원들이 나누어 일을 한다.

주체에 따라 그 기대치가 달라지는 것이 갈등의 원천이다. 회사가 팀을 만든 이유는 팀 전체 인원 10명이 각각 1개씩 해서 10개를 달성하는 것이 아니라, 시너지를 내서 경쟁사, 그리고 과거보다 월등한 생산성으로 일했으면 하는 기대가 있기 때문이다. 팀장의 입장에서는 10명의 팀원에게 업무를 나누되, 중복되거나 책임이 좀 모호하더라도 담당자가 빠진 업무는 없어야 한다. 팀원의 생각으로는 '그래 맞아. 이건 내가 할 일이야'라는 식으로 영역이 확연한 것만 자기 목표이지, 그 외의 부담은 떠안으려 하지 않는다.

물건을 나누는 것이 아니라 책임을 나누는 것이다. 하지만 각자의 기대치가 다르니 갈등이 있을 수밖에 없다. 팀장의 가장 중요한 역할이 책임을 나누고 그 책임을 다할 수 있는 팀원을 그 일의 주체로 세우는 것이다. 이를 업무 분장이라고 한다.

'책임'에 강력한 영향을 주는 것은 바로 시장변화, 경쟁사의 접근 등이다. 요동치는 현장 때문에 업무 분장을 하고 돌아서면 새로운 일이 떨어진다. 한 번이라도 해본 일이면 땡큐다. 내가 한번 해보겠다고 말하는 팀원이 있으면 땡큐다. 하지만 이런 경우는 드물다. 그러면 팀장은 새 일 때문에 업무 재분장을 한다. KPI는 고치고 고쳐진다. 이게 1년 내내 반복되는 일과다. 팀장 못 해 먹겠다는 얘기가 절로 나온다.

이런 사람에게는 내 경험을 바탕으로 세 가지 제안을 하고 싶다.

첫째, '리더의 존재'에 대한 당위성을 확보하라. 팀장을 하다 보면 이런 사람, 저런 사람을 다 만난다. "나는 입사 지원할 때 공고에서 a, b, c 업무만 하는 것으로 보고 지원했는데 왜 나에게 d, e까지 시키나요?"라고 말하는 이런 팀원이 있을 때 최악이다. 팀장 하기도 싫고 맥이 빠진다. 회사에서 팀장을 임명한 이유 중 하나가 이런 팀원까지 잘 구슬려 일을 시키라는 것이다. 업무 분장을 하는 것은 예술의 경지다. 그래서 리더가 꼭 필요하다.

둘째, 빠른 변화를 반영하지 못하는 R&R은 휴지통에 버려야 한다. 현장은 온실에 안주하고 있는 우리보다 빠르게 변화한다. R&R이 핵심인 직무기술서는 서랍에 처박아

두는 종이가 아니라 살아 숨 쉬는 종이가 되어야 한다. "난 a, b, c만 하러 이 회사에 왔습니다"라고 말하는 직원을 위해서라도 정기적으로 또는 수시로 직무기술서는 업데이트해야 한다. 결원이 생기면 직무기술서를 업데이트하기 딱 좋은 시간이다. 또 매해 작성하는 KPI에 'd와 e' 업무까지 넣어 성과 관리 후 직무기술서를 반영하여 업데이트해야 한다.

셋째, 역할과 책임을 구분해서 인식하라. 분명히 다른 단어인데 한데 묶어 쓰고 있다. 무엇이 먼저인가? 역할인가? 책임인가? 책임이 먼저다. 엄마의 자식들에 대한 책임은 무한대인데, 어떤 엄마는 역할을 잘하고 어떤 엄마는 역할을 잘 못한다. 팀장은 팀원들의 업무 관련 행동에 대해서는 직·간접으로 책임이 있다. 그 책임으로부터 자유로울 수가 없다. 그래서 팀원이 잘못하면 팀장이 '관리 소홀'이라는 애매한 질책을 듣는다.

역할은 책임을 지기 위한 후속 행위다. 그래서 내외부에서 판단이 따라온다. "그 팀이 달성해야 하는 책임은 100개인데 그 팀장이 역할을 잘해서 100개를 다 했고, 새로 맡은 일 10개도 다 잘했어", "그 팀이 달성해야 하는 책임은 100개인데 그 팀장이 역할을 잘 못해서 90개밖에 못했어. 새로 부여된 일도 제대로 못했어."

이제 자문해볼 차례다. 나는 제 역할을 잘하고 있나?

그냥 해왔던 일과의 전쟁

속도전이다. 변화하는 시장과 고객 그리고 회사 일 간에 속도전이 벌어지고 있다. 회사의 일 처리 속도가 시장과 고객의 변화 속도보다 같거나 빠르면 지속하는 것이고, 뒤처지면 도태되는 것이다.

고객과 시장은 버스를 타고 떠났는데 그 뒤에서 손을 흔들며 '우리도 그런 제품이 있는데……우리도 할 수 있었는데……' 해봐야 무슨 소용이 있나? 고객과 시장 변화에 따른 새로운 일거리는 밀물같이 몰려온다. 한편으로는 새로운 일거리를 맡아 해야 하지만, 또 한편으로는 지금 해봤자 소용없는 일을 솎아내는 작업도 해야 한다. 이게 생존 모드다.

분명 쓸데없는 것이지만 계속하는 일이 있다. 그게 관례이기 때문이다. 선배가 했으니까 나도 그냥 따라서 한다. 제일 두려운 것은 내가 지금 하는 일이 회사의 생산성과 직결되는지 안 되는지도 모르고 그냥 하는 것이다. 어떤 일을 하든 그 일이 생산성이 있는지를 일일이 따져봐야 한다.

이럴 때 조심해야 하는 것이 있다. 정치인이나 공무원처럼 하지 말아야 한다. 이들은 과거를 100년 넘게 파헤쳐 부관참시해야 직성이 풀린다. 그리고 정권이 바뀌면 또 역사 해석을 뒤집어 역으로 부관참시를 또 한다. 그들은 과거만을 본다. 이들은 세금으로 월급을 타는 분들이다. 일을 안 해도 월급이 나온다.

회사는 그렇지 않다. 하루 벌어 하루 먹고산다. 그리고 미래의 먹거리도 고민해야 한다. 생산성과 직결되지 않는 일은 대폭 없애는 것이 맞다. 눈에 띄게 생산성을 저하하는 일은 과감히 없앤다.

말은 쉽지만 생산성이라는 잣대로 구분하기 어려운 일이 많다. 이 일이 생산성이 있는지 없는지 따지는 데 집중하자니 시간이 없다. 그러면 버스가 멀어진다. 버스가 아주 멀어지면 월급이 안 나온다. 이런 걸 따지는 시간에 더 생산성 있는 일에 몰입해야 한다. 생산성 있는 일에 더 몰입하게 되면 자연스럽게 가치 없는 일은 멀어진다.

경쟁 상대를 고용하자

고故 김정태 행장님에게서 한 수 배웠다. 주택은행과 국민은행을 통합하여 KB국민은행을 만드신 분이다. 2004년 10월에 있었던 이분의 퇴임식은 남달랐다. 정권과 사이가 안 좋아 퇴임하는 케이스였기 때문에 언론이 호들갑을 떨었다. 덕분에 행원도 아닌 일반인인 나도 퇴임사 일부를 전해 들었다. 실상은 '말을 아낀 퇴임식'이었다.

이분이 행원들에게 던진 질문은 이것이다. "앞으로 거대해진 KB은행의 경쟁 상대는 어디일까?" 그리고 이렇게 덧붙였다. "하나은행? 신한은행? 좀 더 나가면 HSBC, 시티

뱅크, 삼성생명이라고 생각하겠지만, 나는 네트워크를 장악한 KT와 SKT 같은 통신회사가 경쟁 상대가 될 것으로 생각한다."

20여 년이 지난 현재, 그의 앞을 내다보는 눈은 정확했다. 20년 전에는 통신기기나 SNS가 발달하지 않았으니 당연히 그런 답을 하셨을 것이다. 지금 금융을 주름잡는 업체를 보면 카카오뱅크, 네이버페이, 네이버증권, 토스 등 모두 인터넷 플랫폼 비즈니스를 하는 회사들이다. 네트워크를 장악했다는 얘기다. 급기야는 기존 은행들도 인터넷 플랫폼을 만들기 바쁘다.

한 수 배운 후로는 시각이 바뀌었다. 박카스의 경쟁 상대는 비타500이 아닌 스타벅스이고, 나이키의 경쟁 상대는 아디다스가 아닌 닌텐도이며, 코카콜라는 개인이 하루 동안 마시는 음료수 중 코카콜라보다 더 비중이 큰 음료가 경쟁 상대라고 했다. 두루마리 화장지의 경쟁 상대는 비데라고 정의한 이유를 알았다.

그럼 회사나 제품의 경쟁 상대는 대충 이해됐는데, 개인의 경쟁 상대는 어떻게 구체화할 수 있을까?

경쟁 상대는 어느 날 갑자기 '짠' 하고 나타나지 않는다. 범재는 지금 자리에선 경쟁 상대가 보이지 않는다. 내가 지금 제일 잘하고 있는 것 같아 보이면 하수다. 고수들이 눈에 들어오지 않는다. 보이지 않으니 경쟁 상대도 없다.

일단 가까운 산(회사 내)에 올라가야 보인다. 산에 오르는 것은 힘들다. 중간중간 고수들이 축지법을 이용해서 산을 오르는 모습을 따라 해본다. 이 힘든 과정에서 지식과 지혜를 터득한다. 그들을 따라 일하다 보면 상수는 안 돼도 중수는 된다.

정상에 올라서면 뭐가 보일까? 산 아래가 훤히 보이고 더 높은 산들(동일 산업계)이 보인다. 그 높은 산들을 어찌어찌해서 오른다. 곳곳에 고수들이 진을 치고 있다. 더 큰 산들(국내 전체 산업)이 버티고 있다. 큰 산으로 갈수록 무림의 고수들이 많다. 무협지처럼 곳곳에서 튀어나온다. 역량이 이 정도면 최고지 하면 어디선가 상수들이 나타난다. '세상도처유상수世上到處有上手'란 말이 실감 난다. 갈수록 태산(글로벌 전체 산업)이다.

산을 오르는 것 자체가 학습이자 경험이고, 그 일정의 동반자가 경쟁 상대다. 경쟁 상대가 꼭 '사람'일 필요는 없다. 마치 무림의 고수가 다 다른 무기와 비법을 다 다른 방법으로 다른 장소에서 익힌 것처럼 앞서 언급한 제품같이 어떤 책이 될 수도 있고, 어떤 포지션이 될 수도 있고, 어떤 성과가 될 수도 있다.

오를 산이 없다고 생각하는 순간 그는 상수가 아니다.

도처에 상수와 고수가 있는 것을 안 순간 그는 이미 상수다.

경쟁 상대는 나에게 에너지를 주고, 집중하게 한다.

상대방은 내가 그를 경쟁 상대로 고용했는지 모른다. 산 정상에 오른 후 이를 버리고 또 다른 큰 산의 경쟁 상대를 찾아 고용한다. 그리고 계속 버전을 업그레이드한다.

오르를 산이 없다고
생각하는 순간 그는 상수가 아니다.
도처에 상수와 고수가 있는 것을
안 순간 그는 이미 상수다.
경쟁 상대는 나에게 에너지를 주고,
집중하게 한다.

리더에게도 훈수가 필요하다

코칭, 멘토링, 카운셀링의 공통점은 무엇인가?

첫 번째 공통점은 '남이 보는 나'를 이용한다는 점이다. 혼자서 끙끙대지 않고 남들에게 내 속내를 보이고 조언을 듣는다. 많은 리더들이 "내 문제는 내가 다 해결한다"는 모토로 달려간다. 남들이 내 문제를 아는 것도, 끼어드는 것도 싫어한다. 내가 리더로서 이 정도 자리까지 온 것은 내 문제를 내가 홀로 잘 해결했기 때문이라고 생각하는 것이다. 그러나 타인의 경험치에 의존하든 학술적으로 접근하든 남의 눈을 빌리는 것은 자기가 못 보고 있는 잠재력을 찾아내어

'자신의 크기'를 더 키울 수 있는 기회를 찾는 행위다.

두 번째 공통점은 피드백을 받는다는 점이다. 자진해서 피드백을 받게 되면, 성장에 도움이 될 수밖에 없다. 피드백이 필요 없다는 사람에게 피드백을 주면 괜히 시간만 낭비하고 감정만 상하는 결과를 낳는다.

미국 코치계의 학장이라고 불리는 로버트 하그로브는 그만의 독특한 방법으로 코칭을 하는 것으로 유명하다. 대부분의 코치는 코칭 대상자가 정해지면 주변 분들을 선정하고, 설문조사를 통해 360도 피드백을 받는다. 그러나 하그로브는 코칭 대상의 이해관계자들을 직접 만나 인터뷰를 한다. 코칭 대상자에 대해 힐난하고 비판하는 이해관계자도 있는데, 하그로브는 코칭 대상자에게 그들의 이름을 공개하거나 녹음본을 들려줘도 괜찮은지 묻는다. 상대방이 동의하면 그대로 코칭 대상자에게 그 내용을 전달한다. 전달받은 그날은 코칭 대상자가 분노를 표출하며 그 자리에서 사라진다. 하그로브의 경험상 연락이 오지 않는 경우도 많다고 한다. 그러나 며칠 후 코칭을 받겠다고 다시 연락이 오면 코칭의 절반은 이미 성공한 것이다. 이것이 성장통이다.

세 번째 공통점은 '진행형'이라는 점이다. 멘토링이나 카운셀링이나 코칭이나 모두 다 진행형, 즉 어느 시점에 끝나는 활동이 아니라 계속되는 것이다. 최근 한 언론 인터뷰에서 정상에 오른 기사에게 "왜 그렇게 계속해서 코칭을 받고 교육을 받냐"는 질문을 하자 그가 "정상에서 뒤처지지 않기 위해서"라고 대답한 것이 기억에 남는다.

성장하고 싶은 리더라면 묻지도 따지지도 말고 남의 피드백을 받아야 한다. 그렇지 않으면 자기도 모르는 새 딴길을 갈 수도 있다. 자기에 대한 남의 의견을 받아들인다는 것은 지금의 나를 부정하거나 지금의 수준에 만족하지 않는다는 말이다. 그것도 본인에 대한 부정적인 피드백을 받아들인다는 것은 엄청 어려운 일이다. 받아들인다는 얘기는 '행동의 변화'가 따라온다는 말이다.

장기를 두는 당사자 2명의 눈에는 보이지 않던 것이 구경꾼에게는 보인다. 그래서 그에 대한 훈수를 두는 것이 코칭과 카운셀링, 멘토링이다. 훈수를 해도 받지 않으면 꽝이다. 절묘한 훈수 한 수는 훈수꾼도, 장기 두는 당사자들도 모르게 대세를 바꾼다. 모두가 깜짝 놀라는 순간을 맞이한다. 훈수받던 이가 가장 이득을 본다. "내게 이런 잠재력이 있을 줄이야!" 하고 성장한 나를 발견한다.

피드백을 구하는 나와 피드백을 달가워하지 않는 나의

차이는 '성장'과 '멈춤'이다.

피드백을 구하는 리더라도 다 다르다.

자신의 성장만을 위해 올인하는 리더는 하수다.

피드백을 받아 나와 소속된 조직의 성장을 꾀하는 리더는 중수다.

나와 소속된 조직과 사회의 성장을 모두 꾀하는 리더는 상수다.

나는 상수인가, 중수인가, 하수인가?

코칭은 부족해서 받는 게 아니다

약 27~28년 전에는 대기업 회장님이 코칭을 받았다는 이야기를 들었을 때 신기했다. 무슨 까닭이 있겠지 짐작했었다. 그리고 회사에서 내게 코칭을 받으라고 하면 '내가 뭔가 부족한가?' 하는 생각부터 들었다. 과거에는 분명히 그랬다. 그러나 코칭에 대한 인식이 확 달라졌다.

기업 경영인인 지인이 같은 의대 동기인 어느 대기업 회장님 얘기를 들려준 적이 있다. 의사이면서 대학교수였던 이 회장님은 어쩔 수 없이 가업을 이어받아 대기업 회장이 되었다. 경영권을 물려받을 당시, 2,500억 원이 넘는 적자를 기록하던 회사였다. 그런데 취임 이듬해에 흑자 전환에 성공했다. 이를 두고 "의사인 회장이 환자를 살려냈다"는 말도 나왔다. 이후 회사를 진두지휘하며 지금은 회사를 동 업계 '빅3'로 진입시켰다.

어떻게 그렇게 경영을 잘할까 다들 궁금해했는데, 정기 외부 감사 때 비로소 궁금증이 풀렸다. 코칭 비용과 컨설팅 비용이 엄청났다고 했다. 외부 감사팀이 "이 많은 비용이 다 진짜 코칭에 쓴 것이 맞냐"고 의심할 정도로 컸다고 한다. 이분은 회장 취임 4년 전, 부회장이 되면서 본격적으로 병원을 그만두고 기업 경영에 참여했다. 그때부터 4년간 다수의 코치를 고용해서 회사 경영에 필요한, 리더로서 필요한 전반적인 코칭을 받은 것이다. 정확히 말하자면, 받은 것이 아니라 무림의 고수들에게 코치를 해달라고 피드백을 구한 것이다.

나는 제약회사에서 40여 년간 의사와 약사분들과 호흡을 같이했다. 이분들이 머리가 좋다는 것은 세상이 다 안다. 가까운 거리에서 본 의사, 약사분들은 리더십 공부도 학교 공부하듯 한다. 가끔 리더십 교육을 할 때 보면, 이분들이 가장 교육 태도가 좋다. 스펀지같이 빨아들인다. 아마 이 회장님도 의과대학에서 공부하듯 코칭 수업을 받았을 것이다.

회사에서 코칭을 시켜주기도 하지만 요즘에는 자기가 나서서 나도 코칭을 받고 싶다고 말하는 분위기로 바뀌었다. 오히려 코치를 붙여주면 회사에서 나를 인정해준다고 생각한다. 오래전부터 글로벌 기업에서는 리더급으로 승진을 하면 코칭을 받는 것이 당연했다. 우리나라도 전 산업계에 임원들을 위한 코칭 케이스가 엄청나게 늘고 있다. 고무적인 현상이다. 산업이 고도화되면서 한 사람이 회사 전체를 알기 어렵게 됐다. 전체를 잘 알고 아무 도움이 필요 없다는 것은 거짓말이다. 내부 외부 할 것 없이 전문가의 도움을 받을 수밖에 없는 상황이다.

코칭은 부족해서 받는 것이 아니라 성장하기 위해 받는 것이다.

주저하지 말고 코치를 찾아 고용하고 망설이지 말고 피드백을 구하는 것이 살길이다.

로버트 하그로브는 본인이 코칭할 대상자는 역량이 부족한 리더가 아니라 앞으로 더 중요한 포지션을 차지할, 속칭 '잘나가는 리더'라고 말한다. 회사가 직원에게 코칭을 받게 하는 것은 가까운 미래에 더 많은 수익을 창출하기 위한 지금의 투자다. 투자라는 관점에서 보면 지금 잘나가고 있고 앞으로도 성장 가능성이 큰 리더에 대한 투자가 그 반대의 리더를 향상하기 위한 투자보다 수익률이 엄청 높다. 그렇다면 질문해본다. 당신은 누구에게 투자하겠는가?

4

일하고 싶은 조직을 만드는 길

갈등 관리와 조직문화

리더의 완장을 버려라

한번은 노사협상 자리에서 분위기를 부드럽게 하기 위해 이런 질문을 던졌다.

"토끼를 잡으려면 두 귀를 움켜잡으면 되고, 닭을 잡으려면 두 날개를 잡으면 됩니다. 그러면 사람을 잡으려면, 어디를 잡으면 될까요?"

그러자 "목이요"란 답이 제일 먼저 나왔다. 한참 후 노조위원장이 답을 맞혔다.

"마음이요."

가장 쉽게 집단을 관리하는 방법은 역시 '완장'을 차는 것이다. 완장을 찬 관리자는 지시만 한다. 보고를 받으면 흠결을 찾아 언어 폭력을 가한다. 흠결을 찾는 데 귀신이고 지적질에는 도사다. 요즈음은 '직장 내 괴롭힘 금지법'이 있어서 그 수위를 조절하느라고 애쓴다. 그래도 이런 관리자 앞에 서면 작아진다. 무슨 지적이 언제 어디서 나올지 모르기 때문이다.

이런 사람이 저지르는 최악의 행동은 뭐니 뭐니 해도 공개 석상에서 지적하는 것이다. 교과서에도 나와 있는 "지적은 개별적으로, 칭찬은 공개적으로"란 말은 안중에도 없다. 오히려 거꾸로 한다. 지적은 공개적으로, 칭찬은 개별적으로. 회의 중에 일을 잘 못한 직원의 가슴에 집중 화살을 꽂는다. 맞는 동료는 하나인데, 그 자리에 참석한 팀원들이 더 떤다. 이유는 무엇일까? 나도 언젠가는 저렇게 당할 것이라고 생각하기 때문이다. "10번 잘하다가 한 번 잘못하면 저렇게 되는데, 누가 당해낼까?" 하고 생각할 것이다.

만약 이런 사람이 회사에서 잘나가는 관리자라면 큰일이다. 희망이 없다. 블라인드에 올려도 끄떡없다. 안으로 곪는다. 암이 조직 전체에 퍼진다.

하버드대학교에서 분쟁과 협상을 가르치고 있는 존엄

성 연구 전문가 도나 힉스Donna Hicks는 저서 《일터의 품격Leading with Dignity》에서 "조직 내 갈등 1호는 리더가 성과를 내지 못하는 구멍 직원을 지목하고 질책하는 수단으로서 회의를 활용한다는 점"을 지적했다. 회의 석상에서 상사에게 모욕을 당한 직원은 '이제 더 잘해야겠다'는 결심보다는 1차 감정인 모멸감, 수치심 등을 느끼고, 2차 감정으로 '분노'를 표출하며, 언젠가는 되돌려주겠다는 '복수심'을 품게 된다.

이런 관리자는 리드를 못하기에 리더가 아니다. 직원들이 마지못해 끌려가는 것이다. 이런 조직은 연락도 하지 않고 지내다가 경조사 때만 만나는 '경조사 부부'와도 같다. 무늬만 같은 팀이다. 모래알 조직이다. 이런 팀이 오래가는 것은 아주 드물다. 이런 팀이 성과가 지속되는 것도 아주 드물다. 이런 팀에 무슨 생산성 향상을 기대할 것인가?

학자들은 많은 변수로 리더십·관리 타입을 구분한다. 블레이크Blake, R. R.와 무튼Mouton, J. S. 교수는 '사람에 대한 관심Concern for people'과 '생산에 대한 관심Concern for production' 두 변수를 활용해 관리격자Managerial Grid를 만들었고, 이를 보완해 리더십 유형을 81개 박스로 만든 리더십 격자Leadership Grid를 발표했다.

리더십·관리 스타일에 '모 아니면 도'는 없다. 그렇다고 딱 81개만 존재하는 것도 아니다. 모와 도 사이에 무수히 많은 리더십·관리 타입이 있을 뿐이다.

나는 리더 및 관리자를 두 부류로 구분한다.

완장을 찬 사람과 차지 않은 사람.

조직을 지속적으로 관리하는 가장 좋은 방법은 역시 이 완장을 벗어버리는 것이다.

존경은 하지 못하더라도 존중은 할 수 있다

2010년부터 13년째 서울지방노동위원회 위원으로 활동하고 있다. 회사에서도 징계위원으로 30년이 넘게 활동을 했다. 두 가지 활동을 하면서 내린 결론은 모든 감정 싸움의 시발점은 바로 서로 간의 무시, 모멸, 무례라는 것이다. 신청인과 피신청인을 만나보면 같은 회사에 다니고 있으나 완전한 타인이다. 아니, 징계위원회에 회부되거나 노동위원회에 사건으로 접수가 되는 순간 원수지간이 된다. 어떻게 같이 일하는 직원들이 이런 지경까지 갈 수 있을까?

몇 명 안 되는 팀 내에 극한 갈등이 발생했을 때 생산성 향상을 기대할 수 있을까? 이 사건을 해결하기 위해 뒤에서 조사하고 인터뷰하는 인원까지 고려해보면 손해가 이만저만이 아니다. '직장 내 괴롭힘 금지법' 시행으로 조직 내 근무 분위기가 긍정적으로 전환되는 선순환 효과도 있었지만, 양 당사자가 성숙하게 갈등을 해소할 수 있는 문제임에도 먼저 신고부터 해버리니 조직 내에서 평화롭게 해결할 기회가 줄어드는 점도 있어 아쉽다. 비 온 뒤 땅이 더 굳어지듯 갈등 해소 후 오히려 더 팀워크가 좋아진 사례도 많다. "아하, 이런 것도 괴롭힘이구나"라면서 무조건 신고해버리면 양 당사자 중 누군가는 팀을 떠나야 하는 상황이 만들어진다. 조직이 와해되는 건 시간문제다.

직원 간 갈등보다 직원과 리더 간 갈등이 정말 심각하다. 이런 사건을 다루면서 얻은 결론이 있다.

"서로 존경은 하지 못하더라도 존중은 해야 한다."

특히 팀장과 팀원 간의 관계에서 상호 존중은 필수다. 상호 존중은 말로는 쉽지만, 행동으로 옮기기는 어렵다. 그래도 도움이 될 만한 방법 하나가 있다. 리더가 스스로 이런 질문을 던져보는 것이다.

나는 진정한 의미의 리더인가? 아니면 회사에서 부여해준 포지션 리더position leader인가?

노동위원회나 징계위원회에 회부된 수많은 사건 중 범위를 좁혀 리더와 직원 간의 갈등을 들여다보면, 사건의 주인공인 리더들에게는 공통점이 있다.

1) 자나 깨나 '완장'을 차고 다니며, 퇴근 후에도 완장을 벗지 않는다.
2) 팀원을 내게 종속된 부하직원subordinate으로 본다.
3) 내 말 한마디면 팀원들의 행동을 즉각 바꿀 수 있다고 판단한다.
4) 지시 일변도의 관리를 한다. "나 리더야, 감히 내 지시를 어겨?"

동기부여나 인정 따위는 뒷전이다. 이런 리더를 '리더'라 하지 않고 회사에서 자리를 만들어준 포지션 리더라고 한다.

그럼 진정한 리더는 어떤가? 포지션 리더와는 반대다.

1) 팀원을 부하직원이 아니라 파트너라고 인식한다.
2) 완장이나 견장이 없다.
3) 권위는 있으나 권위적이지 않다.
4) 리더인 내가 먼저 변화할 것을 찾는다.

5) 팀원들에게 권한을 부여하고 역량을 강화함으로써 업무를 완수한다.
6) 팀원들이 리더에게 많이 배우고 있다고 인식한다.

내가 포지션 리더인지, 진짜 리더인지 여기서 쉽게 판가름 난다. 포지션 리더가 타 부서로 가면 직원들은 살판난다. 퇴직까지 하면 더 살판난다. 퇴직 후 자녀의 결혼 청첩장을 받으면 바로 쓰레기통에 버린다. 진정한 리더가 타 부서로 가면 직원들이 아쉬워한다. 퇴직하면 더 아쉬워한다. 퇴직 후 자녀 결혼 소식이 들리면 자발적으로 참석한다.

존경하기는 쉽지 않지만 존중은 할 수 있다. 그러면 그 갈등 건수가 현저히 줄 것이다. 그 시작점은 팀원을 부하직원이 아니라 파트너로 보는 시각에 있다. 리더 자신의 성장 목표를 진정한 리더가 되는 것으로 하자. 그러면 진정한 팔로워가 늘 것이다.

MZ도 크게
다르지 않다

어디서나 "MZ세대는 우리랑 많이 다르다"란 얘기를 한다. MZ세대는 밀레니얼 세대와 Z세대를 통틀어 지칭하는 대한민국의 신조어로, 전 세계적으로 통용되는 개념이 아니다. 우리만 심각하게 떠들고 있는 용어라는 얘기다. 그래도 이들이 우리 산업계 인력 구조의 다수이고 중심이자, 주된 소비자이며, 직업을 갖고 있거나 회사의 지원자이기 때문에 이들의 정체성에 대해서는 반드시 짚고 넘어가야 한다.

학자들을 비롯한 대부분의 트렌드 연구가들은 MZ세대가 기존 세대와는 많이 다른 사고와 행동 패턴을 보인다고 주장한다. 너무도 다르다는 주장이 많고, 그에 동조하는 사람이 많아 진짜 그런지 의문을 품기도 전에 "MZ세대는 기존 세대와 다르다"는 명제가 일반화되었다. 이에 기업들은 이 다르다는 사실을 활용한 각종 광고나 마케팅 활동을 통해 돈을 벌고 있다. 그렇게 행동하지 않는 MZ세대도 남들이 하도 떠들어대니 "나도 MZ세대인데, 그렇게 행동해야 하나?" 하고 거의 강요를 당하는 것처럼 느낄 지경이다.

그런데 이렇게 그들과 기존 세대와의 차이를 부각하면 무슨 실익이 있을까? 기존에 구분하던 '신세대와 기존 세대'의 차이와 비슷한가? 그럼 '신세대와 MZ세대'는 뭐가 다른가? MZ세대는 이런 차이를 부각함으로써 무슨 이익을 볼까? MZ세대가 이렇다는 주장들이 너무 많아 리더들이 조심스럽게 관리하게 되니 반사적 이익을 누리는 것일까?

MZ세대의 특성 및 인력 운영 방안 도출에 있어 새로운 관점과 접근을 시도하는 학자들, 컨설팅 업체들, 기업들이 비일비재하다. 그들이 주장하는 것을 꼼꼼히 읽어보면 다 옳다. 그런데 다 나열형이고, 그 양도 엄청나다. 어디서는 MZ세대를 이렇게 관리해야 한다고 하고, 또 다른 데서는 저렇게 관리하라고 한다. 색깔 없는 CEO는 확성기로 관리자들에게 외친다. MZ세대에 관한 두꺼운 책과 신문 기사를 들고 혼돈 속에 있는 일선 리더에게 "MZ세대 관리 똑바로 하라우."

그러면 "팀장 못 해 먹겠다"란 소리가 절로 나온다. MZ세대와 같이 근무하는 것은 어렵다. 그렇다고 해서 "MZ세대는 이러니 이렇게 인사관리해야 한다"는 말들을 다 실행할 수 있나? 불가능하다. 그렇다고 조직의 주력인 MZ세대의 성향을 무시할 수도 없다. 무시하면 바로 꼰대로 치부되기 때문이다. 이해의 폭을 넓힐 필요가 있다.

이럴 때 나는 세 가지 접근법을 사용한다. 한 가지는 나의 시계를 지금 MZ세대와 같은 시기로 되돌려보는 방법이다. 나도 그 나이 땐 버릇이 없었고, 기존 세대는 꼰대이자 술자리의 안주로 여겨졌다. 둘째로는 자라온 환경이 아주 다르다는 점을 생각해본다. 나는 1인당 소득이 100달러였던 환경에서 자랐지만, 이들은 적어도 자가용을 타고 자랐다. 셋째로는 "MZ는 이렇고 이렇다"는 말에 함몰되지 말고, MZ든 기존 세대든 같은 인간이기에 똑같은 본능을 가지고 있음에 집중하는 방법이다.

기존 세대도 회사에 입사한 지 얼마 안 된 사원일 때는 주위로부터 "버릇없다", "자기 속만 채우려 한다", "회사에 대한 로열티가 없다", "우리 땐 안 그랬는데 재들은 왜 저래?", "또박또박 말대꾸한다"는 말을 많이 들었다. 지금 기존 세대들이 MZ세대들을 보는 것과 무엇이 그렇게 많이 다른가? 난 크게 다르지 않다고 생각한다.

물론 자라온 환경이 엄청나게 다르기 때문에 이해 안 되는 부분이 많다. 남들이 요약해준 MZ의 특성을 다 알고 접근하면 훌륭한 리더가 될 것이다. 그런데 이것보다 더 중요하고 더 먼저 알아야 할 것이 바로 '인간의 본능'이다. 본능은 세대 간 차이가 없다. 본능에 대한 공부는 안 하고 세대 간 갈등에만 매몰되어 있는 것이 요즘의 모습이다. 본능을 모른 체하면 매몰된 현장에서 빠져나오지 못한다.

에드워드 데시Edward Deci 박사는 인간의 기본적이고 보편적인 욕구에 기초를 둔 자기결정이론Self Determination Theory에서 'ARC'를 주장한다.

A는 자율Autonomy을 뜻한다. 선택권과 자유의지를 갖고자 하는 욕구다. 누구나 자기 시간을 자기 마음대로 쓰고 싶어 한다. 일도 그렇다. 누가 시키면 하기 싫다. 내가 내 업무 시간을 계획하고, 다른 사람으로부터 참견받지 않고 내 마음대로 일하고 싶다. 이게 본능이다. 이럴 때 몰입할 수 있고 성과도 나온다. 내가 해냈다는 성취욕도 생긴다. 직무에

대한 만족도도 높게 나온다. 일을 해야 하는 사람은 본인인데 그 일에 대한 의사결정에서 배제된 채 일하게 되는 경우를 상상해보면 답이 나온다.

R은 연결Relatedness이다. 인간은 타인과 연결되어야 사랑과 소속감을 느낀다. 다른 직원과 좋은 관계를 유지하고, 협업도 잘해보고 싶은 것이 당연하다. 합창을 할 때 화음을 이루며 부르면 듣는 청중도, 부르는 단원도 좋아한다. 이 본능은 고도의 기술과 협력을 요구하는 일일수록 더 많이 발휘된다. 높은 직급의 리더일수록 더 요구된다. 이 욕구는 타인으로부터 인정받고 싶은 욕구와도 관련 있다. 인간은 누구나 주위 사람에게 인정받고 싶은 욕구가 있다. 인정받지 못하면 자기를 쓸모없는 인간으로 인식하고 일의 의욕, 더 나아가서 삶의 의욕도 없어지기 때문이다. 과연 나는 다른 사람들이 같이 일하자고 하는 사람일까? 중요한 일을 할 때 부를 만한 사람인가 생각해보면 안다.

C는 역량Competency이다. 인간은 누구나 본능적으로 일을 지금보다 쉽게, 더 빠르게 하고 최고로 잘했으면 하는 욕구가 있다. 사람은 누구나 자신이 능력 있는 존재이기를 원하고 기회가 될 때마다 자기 능력을 향상하기를 원한다. 어제보다 더 느리게, 할 때마다 서투르게, 남들보다 못한 업무

수행을 바라는 직원은 없다. 누구나 유능한 나를 꿈꾸며, 남들에게도 그렇게 보이고 싶어 한다.

이 ARC는 기존 세대나 MZ세대나 모두에게 똑같이 적용된다. 인간의 본능에 기초한 ARC를 이해하고 나면 MZ세대에 대한 몰이해가 겁나지 않을 것이다.

꼰대들도 '공정'을 간절히 원한다

내가 세대차를 느끼는 부분이 있다. 바로 '자기표현self-expression'과 관련된 것이다.

MZ세대는 공정이란 가치를 앞세운다. 그럼 기성세대는 공정을 싫어하는가? 그렇지 않다. 나이가 60이 넘은 지금도 공정하지 않으면 속이 부글부글 끓는다. 그러나 조직 내 공정성이 깨진 사태가 발생했을 때 보이는 두 세대의 반응에는 극명한 차이가 있다.

기성세대 때는 인내가 미덕이라며 참고 조용히 있거나, 노조에 달려가거나, 아니면 '절이 싫으면 중이 떠나야지' 하면서, 사직원에 사직 사유는 '개인적 사정'이라고 적고 조용히 회사를 떠나는 수동적 반응이 대부분을 차지했다. 지금도 이 세대는 자기 의견을 표현하는 것을 어렵고 낯설게 여긴다.

그러나 MZ세대는 자기 생각을 표현하는 것에 주저하지 않는다. 개인의 가치와 조직의 가치가 충돌하거나 불공정 사례가 발생하면 바로 표현하고, 이것이 관철되지 않으면 조직화하여 경영 참여를 시도하고, 그것도 안 되면 익명 사이트에 가서 게시물이라도 올려야 속이 시원해지는 '적극적 표현'의 세대다.

왜 이런 차이가 생길까? MZ세대는 옵션이 많다. 회사 내에서는 직장 내 괴롭힘 방지법과 같은 법적인 제도와 ESG 등의 각종 지표가 보호해주고, 직장을 나가면 많은 취업 기회가 있다. 실업보험, 재취업 지원 등의 사회 안전망도 촘촘하게 깔려 있다. 블라인드같이 익명으로 떠들 수 있는 장소도 있다.

기성세대도 불공정 행위를 싫어하는 것은 다르지 않다. 단지 그때는 그런 의사표시를 하면 귀양을 가거나, 좌천되거나, 사직해야 했기 때문에 표현을 하지 못한 것일 뿐이다. 사직을 하면 허허벌판에 서 있는 것 같은 상황이었다. 회사

안에 있는 동료들에게 한 퇴직자가 "너는 제발 나오지 마라, 밖은 시베리아다"란 말을 한 것이 화제였다. 심지어는 "월급에는 욕먹는 것도 포함되어 있다"는 말도 들었다. 이런 상황에서 자기표현은 일종의 '사치'였다. 기성세대가 회사 밥을 먹을 때는 지금과 같이 자기를 표현할 다양한 옵션이 없었다.

북유럽의 회사원들은 출근하면 반드시 자기 의견을 표출해야 한다는 칼럼을 읽은 적이 있다. 의견을 표출하지 않으면 "왜 힘들게 회사에 출근하는가?"라고 묻는 것이 그들의 조직문화다. 리더십의 학장으로 불리는 워런 베니스도 "리더십은 완전한 자기표현의 종합이다the synthesis of full self-expression is leadership"라고 말했다. MZ세대가 리더십을 발휘하고 있고, 그것이 옳다. MZ세대가 기성세대를 넘어서서 자기 자신과 조직을 올바른 방향으로 이끌어주고 있다.

MZ세대의 "자기 생각을 표현하고 실행하는 모습"이 기성세대에게 영향을 주고 있다. 다행이다. 표현 못하고 뒤에서 구시렁대고 뒷담화만 하던 기성세대들이 오히려 역 코칭을 받아 '저렇게 해도 되는구나'를 배우고 있다. 조직은 그렇게 발전을 거듭하고 있다. 이는 순수하게 MZ 세대의 공헌이다.

리더도
탄핵 대상이다

정치인들은 입만 열면 '탄핵, 탄핵' 한다. 지위 고하를 따지지 않는다. 대통령까지 탄핵했다. 탄핵 운운하면 옅은 지지층부터 그에게서 떨어져 나간다. 대통령직이라는 자리를 차지하고 있더라도 이미 권위가 없어져서 대통령의 역할을 하지 못한다. 역할을 못 한다는 것을 쉽게 말하면 '말발이 서지 않는다'는 얘기다.

기업에도 말발 서지 않는 리더가 있다. 조직 내 지위 고하를 막론하고 리더십 파이프라인 곳곳에 이런 리더가 있다. 탄핵 대상이 될 이유는 많지만, 개인적으로는 이 세 가지 원인을 꼽는다.

1) 팀원들보다 직무 지식 등의 기능적 역량이 부족하고, 2) 커뮤니케이션 등의 리더십 역량이 떨어지는 리더들이다. 요즈음에는 한 가지 더 추가되었다. 3) 리더가 직장 내 괴롭힘의 주동자가 되면 가차 없다.

팀장이 업무 지식이나 스킬 면에서 팀원보다 한 수 아래면 어떻게 되겠는가?

"우리 팀장은 이것도 모르더라, 말도 안 돼."

"우리 임원은 내가 자세하게 몇 번을 설명해도 못 알아들어."

이런 경우 무슨 말발이 서겠는가? 기능적 역량의 부족은 절충되거나 용서되지 않는다. 직무와 관련된 지식이 엄청난 속도로 변화하고 있는데, 리더가 학습하지 않거나 지지부진하면 팀원들 간에 '무식한 팀장'이라고 소문이 난다. 타 부서원도 다 안다. 조직 내에 설 자리가 없다. 바로 말발이 서지 않는 관리자가 된다.

오히려 성품은 안 좋아도 업무적으로 탁월하여 팀원들이 업무로 어려울 때마다 실마리를 제공하거나, 길을 찾아주면 팀원들이 직무 면에서 의지하는 팀장이 된다. 나는 어떤 계층의 리더이든 직무 지식에서 최소한 팀원의 수준을 훌쩍 넘어서지 못하면 그 직책을 유지하지 못한다고 생각한다. 우리는 모두 지식 근로자이기 때문이다.

둘째로 커뮤니케이션 등의 리더십 역량이 떨어지는 리더들이다. 세상의 모든 CEO가 "우리의 가장 약한 부분이 커뮤니케이션"이라고 말한다. 어떤 CEO는 똑같은 메시지를 10번, 100번 전달해야 한다고 주장한다. 심지어 세상의 모든 부서가 공통적으로 이야기하는 주제를 보면 이 또한 '커뮤니케이션 활성화'다. 이렇게 저마다 모두 커뮤니케이션에 대해 떠들어대는 것은 그만큼 커뮤니케이션이 기대치에 못 미친다는 뜻일 것이다.

리더십 대가인 스티븐 코비는 리더의 역할을 길 찾기 Pathfinding, 한 방향 정렬Alignment, 임파워링Empowering, 모델링 Modeling이라고 주장했다. 그중 한 방향 정렬이 커뮤니케이션을 의미한다.

리더십 파이프라인이 많아지고 복잡해질수록 상하 커뮤니케이션에 장애가 생기기 마련이다. 전략 리더가 "저기로 가자"고 했는데 2단계 리더operation leader, people leader를 거치면서 그 뜻이 왜곡되어 "여기로 가자"가 되기 십상이다.

이와 같은 커뮤니케이션이 조직의 역량과 자원을 분산시킨다. 엄청난 손실이다. 이런 조직에 무슨 생산성이나 경쟁력 향상을 기대하겠는가?

카센터를 보면 '휠 얼라인먼트Wheel Alignment'라고 크게 쓰여 있다. 자동차 바퀴를 한 방향으로 정렬해주는 서비스다. 자동차 바퀴가 한 방향 정렬이 안 되어 있다면 어떤 상황이 벌어질까? 일단 자동차가 제 속도를 내지 못한다. 그리고 그 상태로 계속 달리면 자동차는 자동차대로, 그 안에 탄 사람들은 그들대로 '고장'이 난다.

리더십 파이프라인이 막히거나 파이프 중 어디가 꼬이면 물이 안 내려가기 마련이다. 그런 와중에 소위 '말발이 안 먹히는 리더'가 버젓이 존재한다면 팔로워들은 어떻게 정보를 획득하고 일을 하게 될까? 이런 리더가 회사와 직원들 사이에 링커linker로서 존재한다면 볼ball 배급이 어떻게 될 것 같은가? 경기에서 지는 것은 불 보듯 뻔하다. 이들을 그냥 놓아두지 말아야 한다는 뜻이다.

마지막으로는 직장 내 괴롭힘의 가해자가 리더인 경우다. 이런 리더가 있는 조직은 모래알이다. 무슨 말발이 서겠는가? 나도 당할지도 모른다며 불안해하는 팀원들이 몰입해서 일을 하겠는가? '괴롭힘'의 정의가 명확하지 않아 현장에서 다툼이 늘고 있다. 법률이 제정되면서 사건화되는 경우가 엄청나게 많아졌다. 고용노동부 통계에 따르면 2019년 7월 시행부터 2022년 6월까지 총 직장 내 괴롭힘 사건 수는 1만 8,906건이다.

그림이 그려진다. 서로 같이 근무하기 어려운 팀장과 팀원, 그리고 그것을 지켜보고 있는 다른 팀원 사이에 여러 외부인의 간섭이 시작된다. 대기명령, 조사, 징계위, 지노위 등이 조직원들을 발가벗긴다. 반목이 증폭된다. 어쩔 수 없이 가해자나 피해자 둘 중 하나의 편에 서게 된다. 아주 콩가루 집안이 된다.

그 모든 손해는 어디로 가는가? 회사가 다 뒤집어쓴다.

명심하자. 리더도 탄핵 대상이다.

공자도 경계한 **리더루팡**

리더가 하지 말아야 할 것이 많지만, 그중 제1번은 팀원들의 아이디어를 훔치는 행위다. 몇 날 며칠을 고민해 아이디어를 냈더니 리더가 자기가 한 것처럼 포장해서 임원에게 올려 칭찬받는 경우다. 공헌도가 커지거나 칭찬이 거듭될수록 도둑맞은 기분은 더 커진다. “그거 내가 했는데요”라고 말하자니 괜스레 쪼잔해 보일 것 같고, 팀장의 후환도 두렵다. 이래저래 아이디어를 도둑맞은 직원은 머리가 복잡하다. 감정도 복잡해진다. 이런 건이 중복되면 팀원들에게 그 리더는 ‘도둑’으로 각인된다.

우연찮게 책을 읽다가 공자의 제자 자공도 같은 말을 한 것을 발견하고 무릎을 쳤다. 《논어》 양화편 끝자락에 있는 공자와 수석 제자 자공과의 대화다(논어를 1,000번 이상 읽은 민경조의 역을 따랐다).

자공이 여쭈었다.

"군자도 미워하는 게 있습니까?"

공자께서 말씀하셨다.

"미워하는 게 있지. 남의 나쁜 점을 들춰내는 것을 미워하고, 낮은 자리에 있으면서 윗사람을 비방하는 것을 미워하고, 용기는 있지만 무례한 것을 미워하고, 과감하지만 꽉 막힌 것을 미워한다."

이번엔 공자께서 물으셨다.

"사(자공)야! 너도 미워하는 게 있느냐?"

"저는 남의 생각을 알아내어 자기 생각처럼 내세우면서 지혜가 있다고 여기는 것을 미워하고, 불손한 것을 가지고 용감하다고 여기는 것을 미워하고, 남의 비밀을 캐내 공격하면서 정직하다 여기는 것을 미워합니다."

공자나 예수나 석가는 범인들에게는 '넘사벽'이다. 봉

급쟁이들 술좌석 제1의 안주는 상사인데 공자는 그런 것을 미워한다. 그러나 자공은 인간답다. 우리 같은 범인처럼 느껴져 공감 100%다. 공자와 자공이 살았던 2,600년 전이나 지금이나 뭐가 다른가?

회사에서 같은 사례를 목격했다. 한 부서에 우수한 세 명의 팀장과 정말 괜찮은 시니어들이 모여 있었다. 그런데 이분들이 하나둘씩 회사를 나가기 시작했다. 2~3년 사이에 10명 남짓한 조직에서 줄잡아 8명(팀장급 4명 모두+시니어 3명 등)이 회사를 떠나고 2명이 다른 부서로 옮겼다. 개별 면담 때 다들 인재라 좋은 회사에 좋은 조건으로 간다고 해서 할 수 없이 축하해주었다. 지금도 연락하고 있어 그들의 현주소를 알고 있다. 다들 옮겨간 회사에서 임원이나 스타급 팀장이 되어 있다. 그런데 당시 그들이 떠날 때는 한결같이 근무한 상사에 대해 말을 아끼고 떠났다.

한 3명쯤 떠날 때 비로소 깨달았다. 그 8명의 공통점은 '도둑맞은 아이디어'였다. 이직할 마음에 불을 붙인 행동은 상사가 최고경영자에게 보고할 때 칭찬을 받으면 자기가 아이디어를 냈다고 하고, 지적을 받을 때는 "김 차장의 아이디어입니다"라고 한 것이었다.

리더가 하지 말아야 할 첫 번째 행동이 이런 짓이다. 메일로 아이디어를 받았으면 반드시 아래 '김 차장'의 이메일을 첨부해서 넣고 참조와 받는 사람 이름에 '김 차장'을 넣는다. 김 차장을 PT에 참석시킨다. 김 차장이 섭섭지 않게 공식 석상에서 "이 아이디어는 김 차장이 냈습니다"라고 밝힌다. 리더의 아이디어가 아니라는 것은 세월이 지나거나 더 복잡한 일이 닥치거나 어려운 일이 생기면 이해관계자 모두가 자연스럽게 알게 된다. 그가 '아이디어를 훔친 범인'이라는 것은 드러나게 되어 있다. 궁극적으로 그런 리더는 역량이 턱없이 부족하기 때문이다. 그러나 이것을 알았을 때는 버스가 떠난 뒤다.

나는 이 리더의 절도 행위를 '리더루팡'이라고 부른다.

한 번 팀장은 영원한 팀장?

기업의 지속 성장이라는 숙제 속 HR의 화두는 조직의 유연성flexibility과 민감성sensibility 확보다.

만약 '한 번 팀장은 영원한 팀장'이라면 조직의 성장과 확대도 없이 팀원들은 어느 세월에 팀장이 될 수 있을까? 우두커니 내 차례를 기다릴 팀원이 있을까? 조직 유연성이 '제로'다. 이런 경직된 조직 분위기에 탄핵 대상 리더를 내버려두면 짚 더미에 불을 놓는 격이다. 바로 두 가지 문제가 발생한다. 제일 힘들어하던 직원이 "우리 회사는 이런 리더를 왜 그냥 두는 거야?" 하며 회사에 불만을 터트리고, 심하면 회사를 떠난다. 이런 직원은 제일 일을 많이 하고 역량 있는 직원인 경우가 많다. 역량 있는 직원이 하나 떠나면 그 부서가 와해되는 것은 시간문제다. 두 번째 문제는 해당 조직뿐만 아니라 회사 전체 생산성이 떨어진다는 것이다.

나는 이건희 회장의 파이프론을 지지한다. 어떤 조직이라도 유기적으로 연결되어 있다. 부서가 A, B, C, D, E 5개가 있다고 가정하자. 각 부서 역량을 조사해보니 A=5, B=6, C=6, D=10, E=3으로 나왔다면 회사 전체의 성과는 3이 될 가능성이 크다. 아무리 여타 부서의 역량이 넘친다고 해도 그 회사의 최종 성과를 결정하는 것은 가장 낮은 역량을 가진 부서다. 탄핵 대상 리더가 있는 부서가 E인 경우, 그냥 두면 그 역량이 도리어 1이나 2까지 떨어진다. 회사 전체의 성과가 내려갈 수밖에 없다.

이런 탄핵 대상 관리자를 도태시킬 수는 없는가? 있다. 네 가지 방법으로 관리자를 교체해야 한다. 조직의 유연성을 확보하는 방법이다.

첫째, 회사가 공식적으로 사닥다리 시스템dual ladder system을 구축해서 운영하는 방법이다. 사닥다리 시스템이란 경력개발 프로그램에서 리더/관리자 트랙generalist track과 전문가 트랙specialist track 두 가지를 운영하여 자신에게 맞는 경력 경로를 선택하게 해주는 제도다. 본인의 성품이나 성격, 발휘할 수 있는 능력 등을 봤을 때 관리자로 성장하는 것이 베스트가 아닌 직원이 많다. 그런 직원이 팀장이 되어 팀을 운영하다가 도저히 안 맞는다고 하면 다시 전문가 트랙을 타게 하는 것이다. 회사도 본인도 이득이다.

두 번째는 공식적으로 성과평가를 통해 관리자를 그만두게 하는 방법이 있다. 이 방법은 미리 성과가 회사가 정한 가이드라인에 미달하면 팀장을 그만두게 할 수 있다는 규정 안내가 전제조건이다.

세 번째는 역량 있는 팀원들이 반복해서 사직 의사를 밝히면 그때 회사가 개입해서 문제가 발견될 경우, 관리자를 그만두게 하는 방법이다.

네 번째는 예민한 조직진단 체계를 갖춤으로써 사전에 말발 안 서는, 무늬만 관리자인 사람을 잡아내고 교체하는 방법이다. 가장 많이들 하는 것이 이 네 번째 방법이다. 이 방법을 흔히 예방조치라고 한다. 어떤 부서가 잘 굴러가지 않을 때는 100이면 100, 리더가 제 역할을 못해서다.

직원들이 보내는 시그널

직원들은 내부 갈등 등의 조짐을 감지하는 데 본능적으로 탁월하다. 그리고 어떤 방법으로든 "우리 부서 문제 많아요"라고 회사 측에 시그널을 보낸다. 곪아 터진 후에 수술하는 것은 어떤 조직도 가능하다. 이것은 하수다. 그야말로 소 잃고 외양간 고치는 식이다. 수술하기 전에 약물 치료로 어느 정도 치료가 가능하다면 이것은 중수다. 그러나 상수는 더 나아가서 그런 병에 걸리지 않으려면 어떤 운동과 섭생을 해야 하는지 파악하고 실천한다.

그럼 상수는 이런 갈등을 어떤 방법으로 미리 알아차릴까?

첫째는 관리자가 정기적으로 360도 피드백을 받도록 하는 방법이다. 현재는 그 결과의 쓰임이 관리자 개발에 국한되고 있긴 하지만, 부하직원도 평가자가 될 수 있다는 제도적 장치가 있다는 것 자체가 관리자들에게 큰 메시지를 준다. 특히 덜 성숙한 관리자에게는 더 효과적이다. 덜 성숙한 관리자는 관리자가 된 것 자체가 완장을 찬 것으로 착각하고 업무를 같이 수행하기 위한 팀원을 파트너가 아닌 '부하'라고 인식하기 때문이다.

두 번째 방법은 HR 담당자가 현업에 밀착한 안테나가 되는 것이다. HR 요원을 각 부서별로 지정해 부서에서 일어나는 조짐을 감지하고 모아 분석해서 접근한다든지, 회사의 공식적·비공식적 정보, 특히 노조·노사협의회, 외부 블라인드 등에서 흘러나오는 정보를 간과하지 않고 모아 사용하는 방법이다. 첩보가 많이 쌓이면 '정보'가 되는 법이다.

셋째로는 퇴직 사원 면담을 HR 부서에서 따로 실시하는 방법이다. 타사가 더 좋아서 떠나는 직원들도 있지만 관리자가 싫어서 떠나는 경우도 많다. 이럴 때 현장 관리자를 불러서 퇴직 직원의 퇴직 사유를 물어봤자 쓸모가 없다. 그러나 HR 부서에서 객관적인 퇴직 면담을 하면 조짐을 찾을 수 있다.

넷째로 이해관계자들에게서 관련 부서의 동태를 주기적으로 파악하는 방법이다. 업무가 고도화되면서 어느 한 부서에서 업무의 A에서 Z까지 다하는 경우는 없어졌다. 어떤 일이든 어느 부서 일이든 다 다른 부서와 얽히고설켜 있다.

이 네 가지 방법은 모두 조직의 민감성과 관련된 것이다.

민감성을 잃으면 그 부위부터 곪기 시작한다.

유연성이 확보 안 되면 조직 전체가 굳어진다.

이것이 모든 조직의 HR 핫이슈다. 탄핵 대상감의 리더가 있는 한 그 조직은 성장이 아니라 퇴보로 가는 길이 가깝기 때문이다.

민감성을 잃으면
그 부위부터 곪기 시작한다.
유연성이 확보 안 되면
조직 전체가 굳어진다.
이것이 모든 조직의 HR 핫이슈다.
탄핵 대상감의 리더가 있는 한
그 조직은 성장이 아니라 퇴보로 가는
길이 가깝기 때문이다.

이 과장이 사표를 낸 이유

일 잘하는 팀원, 이 과장은 언제나 할 일이 많다. 팀장은 말끝마다 수고한다면서 일을 더 준다. 회사도 나서서 여러 가지 방법으로 그를 인정한다. 이 과장은 일이 목 끝까지 차 있는 것 같다. 팀장 입장에선 일을 제대로 하는 팀원에게 일을 맡기고 싶다. 그게 팀장 자신을 위한 것이니까. 팀장은 일이 몰려와 힘든 이 과장에게 새로운 일을 주면서 이렇게 말한다.

"우리 팀에 너밖에 없는 것 잘 알잖아."

이 과장은 그 말에 할 수 없이 새로 맡긴 일까지 한다.

그러면서 마음속에는 슬슬 부아가 치민다. 옆에서 놀고 있는 김 대리도 보이고, 땡 하면 바람과 같이 사라지는 박 차장의 빈자리도 보이기 때문이다. 자기는 1.5인 몫을 하는데, 자기보다 월급을 많이 받는 박 차장은 0.7인 정도의 몫을, 김 대리는 0.6인 정도 몫을 하는 것 같다.

인정받는 것도 한계가 있다. 번아웃의 시작이다. '팀장에게는 말해봤자 소용없으니, 담당 임원이나 HR에 얘기할까?' 이렇게라도 생각한다면 그래도 회사에 미련이 남은 것이다. 현실에서는 그렇게 열심히 일만 하던 이 과장이 어느 날 갑자기 사라지는 경우가 비일비재하다.

팀원들을 보면 정말 제 몫 이상 하는 팀원도 있고, 제 몫을 하는 팀원이 있고, 제 몫도 못 하는 팀원이 있다. 그리고 남의 몫까지 꺾아 먹는 팀원도 있다.

보상은 일한 몫과 비례해야 하는데 현실은 그렇지 않다. 단지 입사가 빨라서 월급을 많이 받고 적게 일하는 박 차장이 곳곳에 있다. 단지 일을 제대로, 제때에 못해서 팀장이 일을 안 주는 김 대리가 곳곳에 있다. 더 웃기는 것은 일이 적어진 김 대리와 박 차장은 실수도 줄어든다. 일이 많아진 이 과장은 실수도 잦아진다. 실수가 눈에 띄니 평가에도 연동된다. 이 과장 입장에선 환장할 노릇이다.

더 큰 걱정은 자기계발에 쓸 시간도 없다는 것이다. 시간이 남는 김 대리는 영어 회화 강습을 받아 결국 더 높은 연봉을 받으며 다국적 기업으로 옮긴다. 그 모습을 본 이 과장은 만감이 교차한다.

'제 몫도 못 하는 팀원'과 '남의 몫까지 깎아 먹는 팀원'은 분명 무임승차자다. 무임승차자는 팀워크를 깨는 것도 모자라 결국 팀의 붕괴를 몰고 온다. 제 몫도 못 하는 팀원들은 이 과장이 회사를 떠날 수밖에 없도록 등을 떠미는 사람들이다. 이런 경우 아예 역량과 성과를 인정하여 변동급으로 이 과장에게 더 큰 보상을 주고 박 차장과 김 대리의 경우에는 더 적은 보상을 지급하는 시스템을 서둘러 구축해야 한다.

남의 몫까지 깎아 먹는 팀원의 경우 즉각적으로 팀에서 빼내지 않으면 팀의 와해는 불 보듯 뻔하다. 바이러스처럼 전염된다. 이 무임승차자에 대해 단호하게 조치하는 것이 리더의 책임이다. 무임승차자 처리를 마치 공 굴리듯이 HR이나 임원에게 패스해버리는 팀장이 많다. 그러나 무임승차자를 책임지고 처리할 유일한 사람은 같이 일하는 팀장이다.

이 과장 같은 직원에게 위안이 되는 사실이 하나 더 있다. 오늘날은 명성과 평판을 먹고사는 네트워크 사회다. 업계에서 김 대리와 박 차장의 명성은 어디로 가지 않는다. 반대로 이 과장의 명성 또한 그렇다. 털면 다 나온다.

철새는 나이가 들수록 최단 거리로 이동한다. 철새는 무임승차가 없다. 교대로 선두에 선다. 앞선 리더의 날갯짓이 소용돌이를 만들어낸다. 뒤에 오는 철새는 그 상승기류를 탄다. 혼자 날 때보다 71%를 더 빨리 난다는 연구 보고도 있다. 상승기류를 슬쩍 올라탄 철새들은 선두에 선 리더에게 고마움을 표시한다.

"경호, 경호(잘한다, 잘해)!"

철새가 우리보다 낫다.

김 과장, 이 대리, 호칭을 없애면

벌써 20년도 넘게 계속된 논란이다. 김 과장님, 이 전무님, 이 차장님…… 한쪽에서는 이런 직위 호칭을 없애자고 하고, 또 한쪽에서는 없애면 안 된다고 주장한다.

호칭을 없앤 회사들이 하나둘 늘고 있다. 그런데 확 늘지는 않는다. 새로 시작한 회사든 오래된 회사든 상관없다. 스타트업이어도 아직 직위 호칭을 쓰는 곳이 있는가 하면, 70~80여 년 된 회사여도 하루아침에 '○○ 님'이라고 이름으로 부르기도 한다. 심지어는 아직 대다수의 회사에서 직위 호칭을 부르고 있으니, 회사 내에서는 '○○ 님'으로 부르고, 대외적으로는 명함에 적힌 '김 과장'이라는 호칭으로 고객을 만나는 회사도 있다.

무엇이 그리 절실해서 하루아침에 호칭을 버렸을까? 그러면 지금 시작하는 회사는 호칭 없이 시작해도 될 텐데 왜 호칭을 부여할까? 외국 기업은 모두 이름을 부르는데 우리는 왜 안 될까? 우리는 왜 이 호칭에 연연하고 잘못 불러주면 기분이 나쁠까? 지금도 진행 중인 이 논란은 과연 '의미'가 있는 것일까?

이렇게 호칭을 없애려는 시도는 아마 수직적인 조직문화를 수평적인 조직문화로 바꾸려는 의도에서 나왔을 것이다. 그럼 왜 수평적인 조직문화로 바꾸려고 할까? 수직적인 조직문화의 장점인 일사불란하고 빠른 의사결정, 대량생산, 낮은 가격 등으로 만든 제품이나 서비스가 더 이상 시장에 먹혀들어 가지 않거나, 제값을 받지 못하기 때문이다. 소위 대박 치는 제품이나 서비스를 보면 새롭지 않은 것이 하나도 없다.

새로운 제품이나 서비스를 제공하려면 새로운 사고가 필요하다. 대박은 그냥 오지 않는다. 고객들이 이런 것을 만들어달라고 한 적이 없어도 인지하지 못하는 것을 만들어

시장에 내놓아야 한다. '아, 이런 제품이 왜 이제 나왔어' 하면서 너도나도 쓰고 인증샷을 올리는 그런 대박 제품은 한 사람만의 머리에서 나오기 힘든 것이다.

"중국 등에서 쉽게 카피하기 어려운 롱 사이클Long cycle의 대박 제품은 전공이 다른 여러 팀원이 머리를 맞대고 아이디어에 선플 달 듯이 생각을 더하는 협업 작업에서 탄생한다."

LG화학연구소 CTO를 역임한 유진녕 박사의 말이다.

상급자가 있으면 아무 말도 못 하는 조직, 이제 그런 조직으론 새 시장은커녕 구 시장에도 명함을 내밀기 힘들다. 직급, 직책, 직위 호칭이 뭐가 그리 대수인가? 이런 논의 자체가 사치스럽다. 부르면 어떻고 안 부르면 어떤가? 요는 우리가 지금 고객의 눈이 머물고 살 수밖에 없는 그런 상품과 서비스를 제공할 수 있느냐, 없느냐다. 직원들이 모여 머리를 맞대고 열나게 논의하여 돌파구를 찾고 새 상품을 만들어 시장에서 승리하면 된다.

지금까지 여러 연구에서 밝힌 바와 같이 수직적 조직문화는 이런 시장 변화에 가당치 않고 한계에 와 있다. 조직에서 어떤 문제로 머리를 맞대고 논의할 때, 내가 어떤 소리를 해도 그 말에 대해 상사나 동료로부터 어떤 문책을 당하지 않을 것이라는 확신이 주어져야 한다. 이를 심리적 안전성psychological safety이라고 한다. 그런 조직문화가 되어야 비로소 우리가 오매불망하는 '신상'을 만들 수 있다. 심리적 안전성 확보가 용이한 조직이 수평적 조직문화이기에 회사마다 수평, 수평 이야기하는 것이다.

구글은 4년간의 아리스토텔레스 프로젝트를 통해 성공적인 팀과 그렇지 않은 팀을 가르는 다섯 가지 공통점을 확인했다. 그중에서 가장 중요한 것은 '심리적 안정감'이었다. 팀원들이 자신의 생각을 언제든지 두려움 없이 이야기할 수 있고, 더 좋은 성과를 위하여 위험을 감수해도 괜찮다는 믿음이다.

호칭을 부르느냐 안 부르느냐가 중요한 문제가 아니다.
요는 심리적 안정성이 확보되었는가 아닌가다.
그리고 그 키는 리더가 차지하고 있다.

리더로서 나는 직원들이 편하게 자기 의견을 말할 수 있는 심리적 안전감을 형성해주었는가? 턱도 안 되는 것 같다.

노동시장도 시장이다

우리는 참 뭐든지 통일하는 것을 좋아한다. 중국집에 가면 메뉴를 짜장면으로 통일시킨다. 뭐가 좋다고 하면 사람들이 미어터지도록 모인다. 의견도 중간이 가장 많은데 중간을 표현할 새도 없이 '모' 아니면 '도'다. 어딘가에 가면 다 같이 인증샷을 찍어 SNS에 올려야 한다. 소위 '카더라' 뉴스를 빛의 속도로 퍼 나른다. 어떤 때는 깜짝 놀란다. A 카톡방에 올라온 뉴스가 아무도 겹치지 않는 B 카톡방에도 올라온다. 실로 무서운 세상이다. 과거보다 더 심해졌다.

이런 쏠림 현상이 일어나는 데는 SNS 발달이 한몫했

고, 한국인의 특성이 거기에 더 불을 지폈다고 생각한다. 똑똑해진 알고리즘이 큰 역할을 했다. '너는 이런 영상 좋아하지?' 하고 알고리즘이 추천해주는 정보에 의존한 채 수동적이고 제한적으로 정보를 습득하게 된다.

노동시장도 마찬가지다. 무조건 통일이다. 최저임금이 낮을 때는 시장가격이 작동했다. 시급이 6,000원이었을 때는 더 어려운 일에는 7,000~8,000원을 지급했다. 그런데 이제 최저시급이 9,860원(2024년 기준)이고, 5일 근무하면 6일 치를 지급해야 하기 때문에 정해진 시급보다 더 주기가 어렵다. 대부분의 자영업은 가족 운영으로 돌아섰다. 시장가격이 작동을 멈췄다. 일자리도 줄었다. 일자리가 없어서 갑을 간 암묵적 계약으로 최저임금보다 낮은 시급으로 일을 한다.

'주 52시간제' 시행도 통일이다. 산업별도 아니고 직무별도 아니고 지역도 상관없이 일시에 통일 시행이다. 단지 사업장 규모에 따라 그 시행을 단계적으로 유예한 것이다.

노동시장은 '시장market'이다.

시장이 다르면 최저임금이든 근무시간이든 다 달라야 한다는 것이 내 생각이다.

서울과 지방의 노동시장은 다르다. 소프트웨어 산업과 조선업은 노동시장 자체가 다르다. 프로그래머 시장과 생산직 시장은 다르다. 수억의 연봉을 받는 직원과 낮은 연봉을 받는 직원의 노동시장은 서로 다른 곳에 있다. 컨베이어벨트에 묶여 있는 생산직과 사무직의 근무시간 계산법은 다르다. 노동시장이 다 다른데 같은 룰을 적용하고 있다.

일본만 해도 최저임금이 지역마다 다르다. 도쿄와 오사카가 다르다. 미국도 주마다 최저임금이 다르다. 미국은 직무로 초과 근로 수당 지급을 제한하고 있다. 미국의 공정근로기준법Fair Labor Standards Act은 주 40시간 이상 근무해도 초과 근로 수당을 주지 않는 면제 직원을 명시하고 있다. 임원, 사무직, 전문가 등의 직무를 수행하는 사람이 면제 직원들이다. 면제 직원이라도 1년간 연봉 약 6,200만 원(4만 7,476달러) 이상 받아야 면제 직원 자격이 유지된다. 일본도 미국과 같이 초과 근로 수당을 지급하지 않아도 되는 면제 직원을 연봉 약 1억 원(1,075만 엔)으로 법에 명시하고 있다.

노동시장은 그 동네 사람들의 시장이다. 노동시장은 그 일을 하는 사람들의 시장이다. 모든 것을 통일해버리는 일괄적 접근은 노동시장을 반영하지 못한다. 노동 정책과 인사 제도를 마련할 때 노동시장을 중심으로 시장 변화를 반영하는 것이 관건이다.

인사가 추구하는 가치는 통일과 일괄이 아니라, DIE(다양성diversity, 포용성inclusion, 형평성equity)다. 일괄과 통일은 어찌 보면 행정 편의주의적 사고에서 나온 것이다.

개개인이 중요한 시대다. 2021년 4월 미국 경제 뉴스 전문 방송 CNBC가 발표한 설문조사에 따르면 "80%의 직원들은 다양성, 형평성, 포용성을 중요시하는 회사에서 일하기를 원한다"고 한다. 이것이 ESG에서 요구하는 가치이고 우리가 나아갈 방향이다.

새로 들어온 사원이 제 밥벌이를 하려면

경력 사원이든 신입 사원이든 본인이 보유한 역량을 제대로 발휘하려면 입사 후 얼만큼의 시간이 지나야 할까? 예전에 이에 대해 조사한 한 연구를 본 적이 있다. 지금도 그 연구 결과를 정리한 그림은 내 머릿속에 생생하게 저장되어 있다. 개인적으로 동의하는 부분이 많기 때문이다.

다음 그림에서 Y축은 성과, X축은 근속기간을 나타낸다.

우선 그림에 적혀 있는 '리더의 기대치'란 무엇일까? 새로운 직원이 들어오면 기대가 크다. 채용과 선발 과정을 거치면서 면접위원들의 기대치가 구체화된다. 이 사람을 선

근속연수에 따른 기대치와 실제 성과

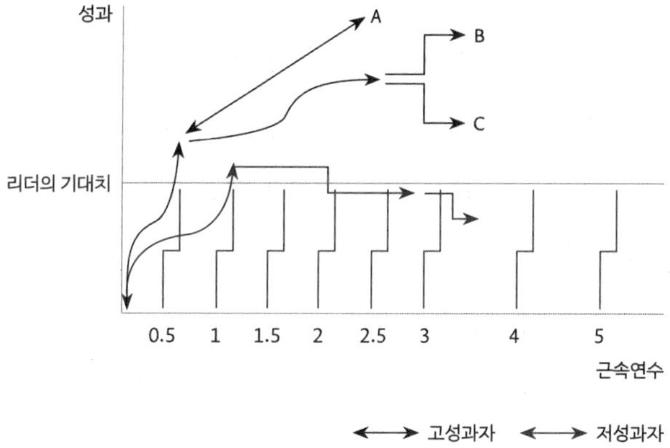

발하면 그 일을 제일 잘할 것 같다는 기대다. 그중에서도 같이 일을 할 팀장의 기대치가 가장 우선된다.

일을 잘한다, 못한다는 것은 객관적인 것일까, 주관적인 것일까? 주관에 가깝다. 새로운 직원이 입사해서 일을 하는데, 팀장의 기대치를 넘으면 일을 잘하는 것이고, 기대치에 못 미치면 못한다고 표현한다.

그러면 객관화시킬 수는 없는가? 방법은 있다. 이해관계자의 평가를 더하는 것이다. 동료들의 평가, 고객, 내부 고객, 협업 상대자 등의 평가를 팀장의 평가에 얹으면 좀 더 객관화된다. 주관+주관+주관+주관…… 주관의 객관화다.

그러면 좀 더 평가의 공정성을 확보해준다. 어쨌든 리더의 기대치가 기준 잣대다.

두 번째로, 얼마나 지나면 제 밥벌이를 할 수 있는지 생각해보자. 신입이나 경력이나 할 것 없이 조직에 새로 입사하면 자기가 보유한 역량을 제대로 발휘하지 못한다. 환경이 다르고, 동료가 다르고, 시스템이 다르고, 규정이 다르고, 조직문화도 다르기 때문이다.

그래서 허니문 기간이 있다. 근로기준법에서는 이를 3개월이라고 명시하고 있다. 그럼 실제로 3개월이면 제 실력을 발휘할 수 있을까?

역량을 연구하는 학자나 컨설팅 회사들은 이를 6개월로 잡고 있다. 역량 있는 고성과자는 입사하고 6개월이 지나면 팀장이 기대치를 넘어선다고 한다(그림에서 Y축 리더의 기대치와 X축 0.5년 구간의 고성과자 라인 참조). 역량이 부족한 직원도 입사 후 1년 정도 지나면 숙달되어 팀장의 기대치에 다다른다(그림에서 Y축 리더의 기대치와 X축 1년 구간의 저성과자 라인 참조). 이때 조심해야 한다. "이 직원도 기다리니까 기대치를 만족하잖아"라고 속을 수 있는데, 이는 역량이 높아진 것이 아니고 숙달된 것이다.

내 경험치로 보자면 역량이 뛰어난 직원은 3개월도 채 안 되어 리더들의 기대치를 넘는다.

"야, 그 친구 잘 뽑았어, 참 잘해, 척척이야. 다른 팀원들과도 잘 어울려."

이들이 데이비드 맥클리랜드David McClelland 교수가 주장한 진정한 '역량인'이다.

진짜 승진과 유사 승진

HR 담당자였을 때, 건물 관리는 내 몫이 아니었다. 나는 그냥 HR 업무만 잘하면 됐다. HR 업무 외에는 눈에 들어오지 않았다. 그러다가 건물 관리 등을 하는 부서도 맡았다. 그러자 갑자기 건물 외벽에 흠집이 보였다. 주차시설 안까지 눈에 확 들어왔다. 페인트가 벗겨진 곳이 내내 마음에 걸렸다. 왜 그전에는 매일 다니면서 눈에 띄지 않았던 것이 눈에 들어오지?

전 대표이사가 1년 남짓 근무하다가 회사를 떠났다. 내게 '잔여기간 땜빵 대표이사'라는 타이틀이 붙었다. 이상하게도 내가 결심하지 않았는데도 자리가 바뀌면 눈에 들어오는 것이 달라진다. 관심이 소홀했던 부문까지도 리포트가 궁금했다. 무관심했던 업무도 눈에 들어온다. "인사가 만사다"라고 떠들던 내가 무색해졌다. 인사가 만사가 아님을 깨달았다. 이게 뭐지?

비슷한 경험이 있다. 학사장교 후보생 시절이었다. 난 2중대였고 중대장은 대위였다. 4명의 구대장들은 중위였다. 특히 중대장은 중대를 지휘하는 모습이나 스피치나 심지어는 걷는 모습만 봐도 멋있었다.

몇 주 훈련이 지나고 중대장의 배경을 알게 됐다. 고등학교 졸업 후 2년제 육군3사관학교를 나왔다고 한다. 서열로도 한참 위인 중대장이 나하고 동갑내기였다. 내심 무척 놀랐다. 이게 뭐지?

이런 두 가지 개인적 경험과 40여 년의 HR 업무 속에서 나름의 답을 찾았다. 승진은 군대에서나 회사에서나 엄청난 관심사다. 승진을 해야 내외부 사회적 지위도 상승하고 연봉도 오른다. 군대는 회사보다 더 승진에 목숨을 건다. 철저한 계급사회이기에 존경하지 않아도 규정 때문에 인사를 해야 하기 때문이다. 회사도 만만치 않다. 승진이 본인의 생각보다 잘 안 이루어지면 회사를 바꾸기까지 한다.

승진이 뭐지? 어떻게 중대장이 영화 〈동갑내기 과외선생〉처럼 나보다 한참 윗자리에 있는 것이지? 어떻게 관심 밖에 있던 건물이 자리가 달라지자 내 눈에 들어오는 거지? 나는 이렇게 결론지었다.

승진에는 진짜 승진과 유사 승진이 있다.

진짜 승진은 역할과 책임이 달라지는 것이고, 유사 승진은 역할과 책임이 달라지지 않는 것이다. 진짜 승진은 커진 역할과 책임 때문에 보상이 달라지는 것이고, 유사 승진은 숙련됨의 또 다른 형태의 보상을 받는 것이다.

보상이 따르지 않는 책임 증가는 '투덜이'를 만든다. 그러나 승진이 따르는 직무 책임 증가는 그 자리에 걸맞은 리더를 만든다. 장교 생활 3년간 직책(소대장, 중대장, 대대장, 연대장 등)에 걸맞게 지휘하는 장교들을 엄청 많이 봤다. 출신이나 나이나 상관없었다. 하지만 직책에 변화가 없는 유사 승진은 그냥 계급이 오른 업무 동료로 취급되었다.

인사쟁이 40여 년간 보아온 회사도 마찬가지다. 조직에 팀이 있고 그 팀들이 모여 '실'이 만들어지고, '실'이 모여 '본부'가 된다면, 진짜 승진은 팀원에서 팀장으로, 팀장에서 실장으로, 실장에서 본부장으로 가는 것이다. 너무도 많은 사례가 스펙은 직책 수행과 비례하지 않는다는 것을 말해준다. 나머지 승진(사원-대리-과장-차장, 이사, 상무보, 상무 등)은 유사 승진이며 숙련됨의 또 다른 보상이다.

그런 의미에서 진짜 승진과 유사 승진의 보상 차이는 있어야 한다.

실질적으로 눈에 보이는 것이 엄청나게 늘기 때문이다.

엄청난 책임에 따른 노동 시간의 증가와 스트레스 증가에 따른 차별화된 보상이 필요하다.

지금 당신이 맡은 포지션은 진짜 승진인가, 유사 승진인가?

승진에는 진짜 승진과
유사 승진이 있다. 진짜 승진은
역할과 책임이 달라지는 것이고, 유사
승진은 역할과 책임이 달라지지 않는
것이다. 진짜 승진은 커진 역할과 책임
때문에 보상이 달라지는 것이고, 유사
승진은 숙련됨의 또 다른 형태의
보상을 받는 것이다.

유사 승진도 필요한 이유

왜 대부분의 회사가 3, 4년에 한 번씩 승진을 시킬까? 호칭을 없앤 회사도 임금 구간pay band 등을 나누어 승급을 시킨다. 왜 그럴까? 무척 궁금했다.

앞서 말했듯이, 승진에는 진짜 승진과 유사 승진이 있다. 진짜 승진은 역할과 책임이 달라지는 것이고, 유사 승진은 역할과 책임이 달라지지 않는 것이다. 그런데 유사 승진이든 진짜 승진이든 이는 모두 인정 욕구를 충족하기 위한 제도다.

근속연수에 따른 성과 그래프를 다시 한번 살펴보며

근속연수에 따른 기대치와 실제 성과

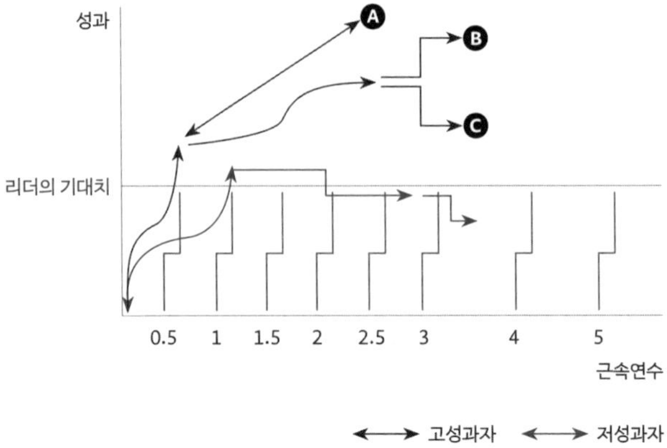

설명해보겠다.

리더들은 새로운 사람을 영입할 때 위 그림에 보이는 A와 같은 성과를 기대한다(6개월 만에 기대치를 통과하고 계속 쭉 성장). 고성과자가 계속 그렇게 성장했으면 좋겠다는 게 리더의 바람이다. 실은 그렇지 않다. 고성과자도 처음 6개월은 열심히 하여 허들인 '팀장의 기대치'를 넘는다. A선처럼 고도성장은 하지 않지만, 바로 밑의 S자 곡선처럼 나름의 성장은 한다.

그러나 약 2.5년이 넘으면 반복 업무에 대한 회의, 성장의 멈춤, 회사나 조직에 대한 회의 등으로 성과가 떨어진다.

"저 친구가 왜 그러지? 잘하던 친구인데?"

직원 개인적으로는 매너리즘에 빠진다. 급기야는 자극이 있는 타사를 찾아 떠난다. 팀장은 잘 인지하지 못한다. 평소 일 잘하던 가락이 있어서 성과가 다소 더디게 떨어지기 때문이다. C선처럼 서서히 떨어진다.

근속연수가 2~2.5년 정도 되면 고성과자에게도 자극이 필요하다. 그게 승진이 될 수 있고, 교육이 될 수도 있고, 다른 업무로 교체가 될 수도 있다. 한국에서 잘 쓰고 있는 유사 승진도 자극제다.

역할과 책임이 바뀌는 진짜 승진이 아니라 타이틀만 바뀌는 유사 승진이라도 자극을 줘야 한다.

"내년에 승진해야지? 김 대리."

"내년에 승진해서 새로운 업무 맡아봐야지? 이 대리."

"내년에는 직무확대도 해야 하니 외부 기관에 나가 교육을 받아야지?"

이 한마디가 필요하다.

만약 유사 승진 제도가 없으면 별의별 방법을 동원해

서라도 인정 욕구를 충족시켜 줘야 한다. 대부분의 회사가 유사 승진을 해도 연봉이 오르고 호칭이 달라진다. 이것을 '호칭 인플레'라고 안 좋게 보는 시각도 있다. 그러나 유사 승진이라도 시키면 리더가 새롭게 질적으로나 양적으로 더 많은 요구를 할 수 있다. 인간의 본능에 기초한 '인정 욕구'를 하루아침에 없앨 수는 없다. 승급 등의 편법만 나올 뿐이다.

진짜 승진은 자리가 한정되어 있다. 이것으로 주류층을 확장하는 데는 한계가 있다. 유사 승진도 잘 운영해야 직원들의 대다수인 주류층을 확장할 수 있다. 승진제도를 포함한 회사의 인정 제도 전체를 다시 봐야겠다.

연봉을 얼마나 받아야 행복할까?

연봉을 얼마나 받아야 만족할까? 아무리 많이 받아도 충분하지 않은 것일까? 어쩌면 그게 '봉급쟁이'일지도 모른다. 인사 업무를 40여 년을 하면서 한 번도 "그 정도면 충분합니다"라고 말한 직원을 본 적이 없다.

속내는 '돈'이면서 연봉 운운하면 마치 장사치로 보일 것 같아서 얘기 자체를 아예 금기시하기도 한다. 하지만 실제는 그렇지 않다. 경력사원을 채용할 때마다 C-레벨 리더든 3년짜리 경력 사원이든 모두 연봉 협상에 올인한다. 전에는 다국적 기업에 다니는 사람일수록 2~3년 단위로 회사를 옮기는 경우가 많았다. 이들의 이력서를 받아보면 화려하다. 요즘은 로컬 회사 출신도 마찬가지다. 회사가 정거장이 되었다. 이곳에서 평생 살 것처럼 말은 하지만 세입자처럼 행동한다.

40여 년을 한 직장(중간에 2년간 금융회사 다니다가 재입사함)을 다닌 나는 그 이유가 궁금했다. 이직의 이유를 물으면 답이 가지각색이다. 겉으로는 대부분이 커리어 개발을 이야기하지만, 속내를 들여다보면 '연봉 인상'이다. 이 두 가지 이유가 섞여 있는데, 그 비중은 지원자마다 다르다. 간혹, 근무지 때문에 옮기는 사람도 있지만 그들에게도 연봉 인상은 초미의 관심사다. "옮기지 않으면 오르지 않는다"가 세입자의 경험 철학이다.

몇 년 전에 만난 친한 CEO가 이렇게 물은 적이 있다.

"전 직원에게 다 똑같이 연봉을 주면 직원들 만족도가 올라가서 생산성도 오를 것 같은데 왜 그렇게 안 할까?"

나는 반문했다.

"왜 모든 회사가 연봉 체계를 세우고, 성과, 역량, 경험, 노동시장, 공헌 등을 고려하여 개별적이고 차별적으로 임금을 줄까요?"

공정하다, 공평하다는 것은 모두 똑같이 대우해주는 것이 아니라, 성과에 따라 달리 대접하는 것이다. 그것이 인간의 본성에 따른 보상이다.

다시 돌아가서 질문을 약간 바꿔보겠다. 적어도 얼마 정도의 연봉을 받아야 행복할까? 이를 어느 정도 설명해줄 몇 가지 연구 결과를 소개한다.

1) 돈과 행복은 높은 상관관계를 보인다.

유엔 지속가능발전 해법 네트워크가 '2023 세계 행복 보고서'를 내놓았다. 이 보고서에 나온 한국인의 주관적 행복도는 10점 만점에 5.95점으로 조사 대상 137개국 중 57위였다. 이 조사에서 7.8점으로 1위에 오른 핀란드는 1인당 국민총소득GNI이 5만 1,178달러로 한국의 1.5배다. 2~5위로 집계된 덴마크, 아이슬란드, 이스라엘, 네덜란드도 1인당 GNI가 5~7만 달러에 이르는 고소득 국가다. 반면 저소득 국가가 많은 아프리카에서는 행복도가 6점을 넘은 나라가 하나도 없었다.

2) 이스털린의 역설 Easterlin paradox**.**

이스털린의 역설이란 소득이 일정 수준을 넘어 기본 욕구가 충족되면 소득이 증가해도 행복은 더 이상 증가하지 않는다는 이론이다. 미국 경제학자 리처드 이스털린이 1974년 주장한 개념이다. 그는 1946년부터 빈곤국과 부유한 국가, 사회주의와 자본주의 국가 등 30개 국가의 행복도를 연구했는데, 이를 통해 소득이 일정 수준을 넘어서면 행복도가 소득과 비례하지 않는다는 점을 발견했다.

3) 돈이 있어야 행복할 가능성이 더 크다.

2008년 미국 펜실베이니아대학교 와튼스쿨의 베시 스티븐슨 교수팀은 이스털린의 설문보다 더 광범위한 실증 조사를 통해 이스털린의 주장이 잘못됐다고 반박했다. 스티븐슨은 "132개국을 대상으로 지난 50년간 자료를 분석한 결과, 부유한 나라의 국민이 가난한 나라의 국민보다 더 행복하고, 국가가 부유해질수록 국민의 행복 수준은 높아졌다"고 말했다. '돈이 있으면 행복할 가능성이 더 크다'는 사실을 확인해준 셈이다.

4) 돈이 많다고 해서 무한정 행복해지는 것이 아니다. 한계효용 체감의 법칙이 작용한다.

노벨경제학상 수상자인 대니얼 카너먼과 앵거스 디턴 교수는 삶의 평가life evaluation와 정서적 안녕emotional well-being을 구분하면서, 후자는 연간 소득 7만 5천 달러(약 1억)를 넘어서면, 소득 증가와 관련이 없어짐을 밝혔다.

일정한 소득, 자산 수준까지는 늘어난 소득 덕분에 자신이 하고 싶은 일에 시간을 쓰거나, 고통과 질병 피하기, 여가 즐기기와 같은 정서적 안녕에 필요한 요소를 늘릴 수 있지만, 그 이상의 고소득은 오히려 인생의 작은 즐거움을 찾는 능력(향유 경험savoring)을 악화시킬 수 있다는 것이다.

5) 연봉이 많아지면 행복감은 커진다.

그런데 카너먼이 최근 조금 다른 연구 결과를 발표했다. 연봉 10만 달러 이상 50만 달러 미만 구간에서도 소득이 증가할수록 행복감이 커진다. 단, 소득이 높아도 '불행한 소수'가 있었다. 사랑하는 가족·친지를 잃었거나 우울증을 겪는 사람들이었다. 돈으로는 해결되지 않는 불행이 있다는 말이다.

돈과 행복이 높은 상관관계를 보이기는 하지만 돈에도 한계효용 체감의 법칙이 작용한다. 100만 원을 일시에 준다고 하면 주니어에게는 상대적으로 적지 않은 돈이지만, 수

억대 연봉자에게는 큰 의미가 없다. 돈이 많을수록 행복감이 높아지지만, 일정 수준을 넘어서면 돈이 행복에 미치는 영향은 크지 않을 수 있다.

나는 이스털린의 또 다른 실험을 지지한다. 자기는 10만 달러를 벌고 친구들은 20만 달러를 버는 상황 그리고 자기는 5만 달러를 벌고 친구들은 2.5만 달러를 버는 상황 중 하나를 선택하라고 하니 실험에 참가한 인원의 60%가 후자를 선택했다. 소득의 절대 금액보다 친구와 비교한 상대적 수준이 행복에 더 큰 영향을 미친다는 얘기다.

행복의 반대말은 불행이 아니라 '비교'다.

연봉 비교가 불행의 시작이다.

보상은 지난달 월급으로 끝났다

회사에는 이런 사람들이 많다.

"몇 년 전에 내가 어마어마한 프로젝트를 마쳤는데 승진이 왜 안 될까?" "수년 전에 그 어려운 일을 성공리에 마쳐서 우수상까지 받았는데 왜 승진이 안 될까?" "몇 년 전에 그 누구도 해결하지 못한 복잡한 일을 내가 나서서 해결했는데, 후배를 팀장 자리에 앉히다니." "나는 신입사원 때부터 교육이란 교육은 쭉 1등이었고, 저 사람은 항상 교육 성적이 하위권이었는데 나보다 먼저 승진을 했네. 도대체 왜?"

예나 지금이나 노조의 한결같은 주장이 있다. 나는 오랜 기간을 근속하면서, 어림잡아 20여 명의 노조위원장들과 일을 했다. 같은 생산직이고 주니어와 시니어의 역량 차이를 잴 수도 없을 정도로 업무 수행 능력이 서로 비슷한데, 연공급이라는 이유로 시니어가 주니어보다 2~3배 더 높은 연봉을 받는 상황이었고, 같은 영업직이고 주니어가 시니어보다 성과를 더 내는 데도 시니어가 2배 이상 연봉을 받는 상황이었다. 그런데도 그들은 계속 이런 주장을 했다.

"저 사람은 저렇게 오래 근무했는데 왜 급여가 이 정도밖에 안 되나?"

"저 사람은 20년을 넘게 근무했는데 왜 승진이 안 되나?"

"주니어와 시니어에 대한 보상 차이는 더 커야 하는 것 아닌가?"

20여 명의 노조위원장들의 말이다. 어쩌면 그렇게 토씨 하나 틀리지 않는지 모르겠다.

2022년 3월, 커리어 플랫폼 사람인이 직장인 1,666명을 대상으로 승진에 대한 설문조사 결과를 발표했다. 현 직장에서 '인사고과 및 승진에 관심이 많다'고 대답한 비율은 60.6%였다. 2021년 설문조사에서 '승진에 관심 있다'(53.2%)는 의견이 절반을 겨우 넘긴 것에 비하면 상당히 높아졌다. 인사고과와 승진에 대한 관심은 세대별로 크게 다르지 않았다(20대 58.5%, 30대 57.3%, 40대 65.7%, 50대 63.3%).

승진에 관심이 많아진 이유에 대해서는 다음과 같이 답했다. 1위 '승진에 따른 연봉 상승이 커서'(57.8%, 복수 응답), 2위 '연공서열에 관계없이 능력과 성과 중심으로 인사제도 개편'(31.6%), 3위 '최근 상대적으로 젊은 인력이 승진하고 있어서'(20.9%), 4위 '일괄적 평가가 아닌 성과대로 별도 승진 세션이 있어서'(8.5%), 5위 '직급별 체류 기간이 폐지돼서'(5.7%) 6위 '최근 변화된 인사 및 성과 보상 제도'였다.

과거에서 현재에 이르는 이런 현상들을 보면 회사에서, 경제 단체에서, 정부에서 아무리 성과와 역량 위주 인사 제도를 마련해야 한다고 떠들어 대도 현장은 이에 아랑곳하지 않고 도도히 흐르는 한강처럼 변화하지 않았다. 연공급과 연공서열에 맛 들인 노조와 노조의 우산 속에 숨은 조합원, 이를 비호하는 단단한 노동법과 그 집행관들, 한술 더 뜨는

입법. 이중 잣대를 가지고 있는 정부, 모두 단단한 집합체다. 하다못해 '호칭 파괴' 같은 일도 도도히 흐르는 물을 거슬러 오르기에는 역부족이었다.

20년 전, 10년 전 신문 기사를 찾아봐도 지금과 크게 다르지 않다. 그때는 실리콘밸리식이 아니라 당시 인기 있었던 기업의 방식인 'GE식'이거나 'IBM식' 또는 '구글식', '아마존식'이었다. 그때나 지금이나 그 회사들은 직무·성과급제였다. 선진 인사 기법을 배우면 뭐 하나 하는 자괴감마저 든다. 어떤 때는 누군가를 붙잡고 "세상은 무섭게 변했고, 빠르게 변해갑니다. 이런 연공급, 연공서열적 인사 제도로는 감당할 수 없습니다"라고 떠들어야 할 것만 같기도 하다.

해당 설문조사에서 승진에 관심을 가지게 된 이유를 들여다보자. 1위부터 6위까지 표현은 달라도 모두 "연공서열이 아닌 역량 있고 고성과를 내는 직원이 승진도 하고 연봉을 많이 타는 것"을 기대하고 있음을 알 수 있다. 한마디로 제대로 된 '보상'을 원한다는 것이다. 그것을 이제는 세대 구분 없이 '표현'한다. 인간의 본능을 잘 파악하면 답이 보인다.

이 조사에서 긍정적으로 보이는 부분이 있다. 전체 직

장인 10명 중 7명은 '회사에서의 승진이나 평가보다 더 중요한 게 있다'고 답했으며, 중요하게 생각하는 가치로 '개인 커리어 상승 및 자아실현'(62.8%, 복수 응답), '개인의 삶(워라밸)'(58.4%), '재테크를 위한 기반'(27.5%) 등의 답변이 있었다. 워라밸 때문에 승진을 꺼려하는 직원들이 많아졌다. 승진한 선배가 삶의 롤모델이 되지 못하기 때문이다. 회사도 투 트랙(제너럴리스트, 스페셜리스트)으로 커리어 패스를 설계해야 한다.

가끔 회사에 섭섭할 때가 있다. 그때마다 "승진은 경영자의 일방적인 의사표시"라고 정의한다. "내가 대졸 사원들이 들어오기 4~5년 전부터 이 회사에 와서 공헌했는데 왜 승진 명단에 없어?"라고 묻는 분들에게 오히려 되묻고 싶다. "그럼 그동안 월급 안 받고 회사에 봉사하며 다니셨나요?" 과거가 아닌 앞으로의 책임과 역할에 대해 충분히 할 수 있다고 판단하기에 승진을 시키고, 부족하기에 누락시킨 것이다.

승진은 과거가 아니고 미래다.

연봉도 그렇다. 나는 "과거의 잘한 일이든 못한 일이든 매달 월급 받은 것으로 계산은 끝났다"고 생각한다. 조금 미진한 것이 있어서 연말에 성과급까지 준다. 이것까지 하면 내가 일한 것의 보상은 '끝'이다. 스톡옵션까지 주면 고마운 것이다.

보상은 지난달 월급으로 끝났다.

고정급과 변동급 그리고 인간의 심리

연봉은 고정급과 변동급으로 구성되어 있다. 임금 인상에도 고정급 인상과 변동급 인상이 있다.

한국은 국가별 국민총소득 10위권이라는 순위에 걸맞게 임금수준도 높다. 내수시장 위주로 우물 안 개구리처럼 놀다가 몇 년 전 원료 확보 때문에 조그만 일본회사를 사들인 적이 있는데, 동경 한복판에서 일하는 직원들의 임금수준을 보고 깜짝 놀랐다. 일본은 지난 십수 년 동안 임금 인상이라는 것이 없었다.

매년 약 3%에서 5%의 인상을 한 나라와 입사 후 한 번도 인상이 없었던 나라의 임금수준 비교는 계속 인상한 나라의 일방적인 '승'이었다. 문제는 한국은 매년 인상을 하지 않으면 큰일 나는 줄 알고, 일본은 인상을 하는 것이 이상하다고 느낀다는 점이다.

이미 대기업일수록 고정급 인상은 넘치는 수준으로 하고 있다. 파격적인 임금 인상은 '노동시장의 희귀성'에 달렸다. 노동시장에서 인재가 넘치면 고정급 인상률은 낮고 노동시장에서 인재 전쟁이면 고정급 인상률이 높다. 임금 인상이야말로 생산성 향상과 병행되어야 하는데 현장은 그렇지 못하다.

일 잘하는 직원이 연봉을 많이 타는 것이 당연하다. 그것이 공평하다. 일 잘하는 직원과 일 못하는 직원의 급여를 같이 준다면 일 잘하는 직원은 회사를 떠난다. 악화가 양화를 구축하는 셈이다. 전투적인 노조도 여기에 한몫한다. 노조의 논리는 공헌도보다는 연공서열이다.

그럼에도 불구하고 리더는 생산성 향상이라는 숙제를 풀어야 한다. 인재는 항상 배고프다. 더 달라고 의사를 표현하는 인재는 오히려 고맙다. 꼭 잡으려 하는 직원은 구차스럽게 달라고 하지 않는다. 그냥 바람과 함께 사라진다.

기업에서는 성과에 따라 고정급 인상률에 차등을 둔다.

그런데 그것이 성에 차지 않으면 변동급에 손을 댄다. 성과에 비례해서 변동급의 크기를 결정한다. 대부분 먼저 시작한 다국적기업의 변동급을 참고해서 변동급의 크기를 설계한다. HR은 당연하고 리더들도 변동급 설계에 관여해야 한다. 변동급 설계는 개인의 성과에 직접적인 영향을 주며, 성과 위주의 조직이냐 아니면 관계 위주의 조직이냐 등 조직의 색깔을 좌우하기 때문이다.

몇 가지 설계 가이드라인을 제시한다.

1) 책임과 권한의 크기에 따라 변동급 크기를 설계한다.

2) 직군마다 다른 폭으로 변동급을 설계한다.

3) 진입장벽의 높낮이에 따라 다른 폭으로 변동급을 설계한다.

4) 노동시장에서의 경쟁력을 확보하기 위해 고정급의 보완책으로 변동급을 설계한다.

5) 상대적인 분배 비율을 설계해 성과주의 조직으로 운영한다.

그런데 변동급을 엄청나게 키우면 성과도 그만큼 엄청나게 좋아질까? 교훈이 있다. 몇 해 전 단체급식 시장에서 실제 있었던 사건이다. 경기도 모학교에서 단체급식이 너무 저급해서 학부모로부터 항의를 받았던 일이 언론에 보도되었다. 그런데 학생들의 저급한 급식 뒤에는 저렴한 중식비가 있었다. 수사 중 학교장의 뇌물수수가 밝혀졌는데, 그 배경에는 업체들 간의 저렴한 중식비 경쟁에서 이긴 모회사의 김 차장이 있었다. 그는 뇌물을 주어 경쟁에서 승리했는데, 왜 그렇게 했을까? 연봉의 100%가 변동급이었다. 고정급이 7,000만 원이면 성과급이 7,000만 원 이상이라는 얘기다.

김 차장은 유혹에 시달렸다. 이 학교만 급식이 들어가면 100% 넘게 목표를 달성하는 것이고, 그러면 성과급이 한 번에 7,000만 원이 훨씬 넘게 나오는데 왜 하지 않겠는가? 윤리규정 같은 것은 이미 보이지 않았을 것이다. 뇌물을 1,000만 원을 줘도 나중에 6,000만 원 이상이 남을 테니 말이다.

그런 변동급 설계를 한 회사도 김 차장과 '공동정범'이다. 그 회사는 이후 단체급식 시장에서 자진해서 빠졌다. 이 얼마나 어리석고 황당한 상여금 설계인가?

너무 높아 악의 유혹에 빠지지 않으면서도 최대의 성과를 올리도록 동기를 주는 상여금의 크기는 얼마일까? 상여금의 크기가 낮은 직급은 10%, C-레벨 임원은 최고 40% 정도인 것은 선진회사들이 이런 저런 일들을 다 겪고 만든 변동급 크기일 것이다.

그러나 어디에도 정답은 없다.

그러기에 어렵다.

인사쟁이들이 살길

HR 부서는 남을 대신해 서류를 작성해주는 '대서방'으로 불리던 시절을 지나, 인사관리, 인적자원관리, 전략적 인적자원관리 등으로 변화해왔다. 여기서 알 수 있는 분명한 차이는 인사관리의 주체가 바뀌었다는 점이다. 처음에는 임원이었고(인사는 대리인), 그다음에는 인사 부서였다. 지금은 인사관리가 HR과 모든 관리자들의 주요 업무가 되었다. 그리고 그보다 더 나아가 직원 개개인이 HR의 주체가 되는 상황은 이미 다가온 미래다. 자기의 커리어를 스스로 설계해서 성장하는 개인화 시대이기 때문이다.

그동안 인사가 수행하던 복리후생, 급여, 선발 등의 전통적인 역할을 이제는 전문적인 아웃소싱을 통해 처리하는 경우가 늘어나고 있다. 더불어 의사결정이 이루어진 후 인사 관련 사항을 챙기고 관리하던 역할도 디지털 트랜스포메이션을 통해 많이 절차가 간소화되었다. 앞으로 이런 변화는 더 빠르게 진행될 것이다.

HRer들은 앞으로 자신이 설 자리가 어디인지 고민해야 한다. 지금까지 해오던 일만을 유지하면 틀림없이 AI와 같은 과학기술에 밀려 설 자리가 없어질 것이다. 경영을 이해하고, 조직원을 이해하고, 조직의 가치 창출에 결정적인 역할을 해야 존립할 수 있다. 후배 인사쟁이들에게 함께 살아남자는 의미로 우리가 꼭 갖추어야 할 점들을 몇 가지 알려주고자 한다.

1) 사람에 대한 관심

사람에 대한 애정이 없다면 HR 업무가 하기 싫을 것이다. 직원들의 동기 요인이 무엇인지, 좋아하고 싫어하는 것은 무엇인지 파악하려는 노력이 있어야 인재도 발굴하고 유지할 수 있는 밑거름이 된다. AI도 쉽게 접근할 수 없는 영역이 이 부분이다. 또 개인 맞춤형 인사 제도의 베이스가 되는 부분이다. 심리학 전공자들이 인사 요원으로 들어오는 경향이 느는 것은 고무적인 현상이다.

2) 이해관계자에 대한 이해

HR은 개인적 노사관계와 집단적 노사관계가 얽혀 있는 유일한 부서다. 이들이 원하는 바를 잘 파악하고 조정해서 회사의 방향과 일치시키는 것이 HR의 의무다. 특히 인재가 향후 지속 성장의 원동력이 되고, 개인의 의사가 더 중요해지고 있는 노동시장 환경의 특성상, 집단과 개인들의 관심과 이해관계를 잘 조정하는 것이 중요하다.

3) 재무 지식 습득

회계 담당자는 아니더라도, 인건비 비중과 매출, 이익의 관계를 이해하고 있어야 임금 협상도 가능하고 인원 계획도 가능해진다. 인건비 지급 능력 계산이나 회사의 재정 상태 파악은 CFO에게만 의존할 일이 아니다.

4) 비즈니스 이해

전략적 비즈니스 파트너로서 사업에 대한 이해가 필수적이다. 현업을 이해하지 못하면서 HR 업무를 한다면 그저 ‘대서방'의 역할에 지나지 않는다. 현업을 알지 못하면서 적당한 사람을 선발하고 다방면에서 지원한다는 것은 불가능한 일이다.

5) HR 전문 지식 강화

비즈니스에 대한 이해와 더불어 HR에 대한 전문적인 역량도 중요하다. 최근 AI 기술 발전으로 많은 직업이 위협을 받고 있다. HR은 사람의 행동 패턴을 연구하는 업무이기에, 남이 흉내 내기 힘든 롱 사이클 직업이다. 고수로 성장하려면 발을 깊게 담가보아야 한다. 변화하는 사회와 환경에 맞추어 치열한 공부를 통해 전문성을 강화해야 할 것이다.

이 외에도 필요한 것은 많다. 그러나 이 중에서 가장 중요한 것 하나를 뽑으라면 주저없이 4) 비즈니스 이해를 꼽을 것이다. 비즈니스에 관심을 두면 갭을 발견하게 되고, 자동적으로 그 갭을 채우려고 노력할 것이기 때문이다.

현장을 모르는 HR은 제일 먼저 도태된다.

40년 인사쟁이 백진기가 말하는 사람, 일 그리고 성장

사람을 움직이는 1%의 차이

초판 1쇄 발행 2024년 3월 11일

지은이 백진기
펴낸이 성의현
펴낸곳 (주)미래의창

편집 김성옥 · 최소혜
디자인 공미향

출판 신고 2019년 10월 28일 제2019-000291호
주소 서울시 마포구 잔다리로 62-1 미래의창빌딩(서교동 376-15, 5층)
전화 070-8693-1719 **팩스** 0507-0301-1585
홈페이지 www.miraebook.co.kr
ISBN 979-11-93638-08-8 03320

※ 책값은 뒤표지에 있습니다.